中国历史知识读本

是哲理或是虚幻

——中华宗教

时利英　曾　令　编写

吉林出版集团股份有限公司

图书在版编目（CIP）数据

是哲理或是虚幻——中华宗教／时利英，曾令编写．
－－长春：吉林出版集团股份有限公司，2012.10
ISBN 978－7－5534－0641－1

Ⅰ．①是…　Ⅱ．①时…②曾…　Ⅲ．①宗教史－中国
－古代　Ⅳ．①B929.2

中国版本图书馆 CIP 数据核字（2012）第 239860 号

是哲理或是虚幻——中华宗教
SHI ZHELI HUO SHI XUHUAN ZHONGHUA ZONGJIAO

编　　写　时利英　曾　令
策　　划　曹　恒
责任编辑　祖　航
责任校对　宋巧玲
封面设计　隋　超
开　　本　710mm×1000mm　　1/16
字　　数　120 千字
印　　张　12
版　　次　2012 年 10 月第 1 版
印　　次　2018 年 5 月第 4 次印刷

出　　版　吉林出版集团股份有限公司
发　　行　吉林出版集团股份有限公司
地　　址　长春市人民大街 4646 号
　　　　　邮编：130021
电　　话　总编办：0431－85618719
　　　　　发行科：0421－85618720
邮　　箱　SXWH00110@163.com
印　　刷　河北锐文印刷有限公司

ISBN　978－7－5534－0641－1　　　　定价　22.00 元

前　　言

中国是世界四大文明古国之一。中华民族拥有世界上唯一没有中断的文明。中华民族的史前历史和世界其他民族一样也经历过漫长的洪荒时代（母系氏族阶段），而从黄帝时代开始，至今最少也有五千年之久了。

中国人有文字记载的历史可追溯到 3000 年之前，甲骨文的发现可为确证。而从公元前 841 年西周共和时期开始，中国的信史记录就一天也没有中断，也为世界各民族所欣羡。浩如烟海的历史典籍不但是前人留给中华子孙的宝贵遗产，也是中华民族为世界文化作出的巨大贡献。

现在的中华民族是由 56 个兄弟民族组成的。这 56 个民族是在中华 5000 年历史过程中经过不断的融合逐步形成的。现在的汉族实际上是由古代华夏族和许多少数民族融合而成。历史上和现存的许多少数民族也都认为华夏族是自己的祖先，如匈奴出于夏、羌出于姜氏、鲜卑出于黄帝、氐出于夏时的有扈氏，这都是史有所据的。

5000 年的历史是中华各民族共同进步的历史。

中国地域辽阔，幅员广大，有陆地面积 960 万平方千米，海域面积 300 多万平方千米。中华民族世世代代在这片土地上繁衍生息，不但创造了辉煌的历史，也影响了整个世界。

中国的文化和经济在历史上曾长期领先于世界，但从近代开始却经历了备受欺凌、丧权辱国的百年之痛。

前事不忘，后事之师。以史为鉴，可以明得失。中国人不会忘记历史。尤其是在改革开放以后的今天，学习历史，继承中华民族的光荣传授，铭记中华民族的深刻历史教训，是每一个中华儿女奋发向上的基础。

　　由于水平所限，本书限于篇幅，难免挂一漏万，还望广大读者批评指正。

编者

2012 年 5 月

目　录

宗教史

三皇神话传说/2

占卜/7

祭祀/10

佛教传入中国的故事/13

印度求法的传说和白马寺/17

三武一宗之难/20

鉴真东渡日本/23

韩愈谏迎佛骨/26

金瓶掣签/29

本教与佛本之争/31

老子的神化过程/35

最早迷恋神仙的皇帝——秦始皇/39

张陵创立五斗米道/42

茅山的传说/45

狂热迷信道教的帝王——唐玄宗/49

宋徽宗与道教/53

中国的佛教

太虚的"佛教复兴运动"/59

盂兰盆节/63

藏传佛教的主要节日/65

云南地区的上座部佛教/67

中国佛教八大宗派/70

中国佛教石窟/73

因果报应和六道轮回/76

佛、菩萨、罗汉/78

傣族小乘佛教/81

中国的道教

道教/85

新天师道/89

王重阳与全真道/93

道教的中心——北京白云观/99

道教圣地——武当山/106

中国的伊斯兰教

元代以前的伊斯兰教/111

元朝时的伊斯兰教/113

宗教人物

东晋一代名僧道安/117

慧远大师/120

玄奘取经和《大唐西域记》/124

六祖慧能/127

元代八思巴事迹/131

八指头陀——敬安/135

东晋道教领袖——葛洪/138

胡登洲/141

王岱舆/144

马注/146

民间宗教

女真萨满教神话/149

佤族的原始宗教/154

白族的"本主"崇拜/158

彝族毕摩、苏尼的巫术活动/163

纳西族东巴教/165

白莲教/169

罗梦鸿与罗教/174

三一教/179

八卦教/183

宗　教　史

　　在中华民族的历史长河中，宗教所占的地位远没有西方国家那样显著，宗教影响和宗教情绪也不如西方那样强烈。

　　在佛教、道教出现之前，中国原始宗教信仰是多神崇拜，有拜物的性质。日月星辰、山川河流、花草树木，飞禽走兽、风雨雷电都是崇拜的对象，并由此直接导致了天神崇拜。中国先民尤其重视的是对祖先的崇拜，由此直接引发了中华民族的"忠孝"理念，从而演化成中华民族伦理道德的核心。

　　中国人对祖先崇拜和天神崇拜十分重视，就是在佛教、道教确立以后，也没有就此消失，而是以不同的方式与不同的宗教思想融合，演化成有中国特点的宗教信仰。而在众多民间信仰中也更多地保留了祖先崇拜和天神崇拜的痕迹。

三皇神话传说

三皇有时被称为"天皇"、"地皇"和"人皇",又被叫做"伏羲"、"燧人"和"神农"。《尚书大传》中说:"遂人为遂皇,伏羲为戏皇,神农为农皇也。"三皇可能是中国古代文化三个发展阶段的拟人化,在后来的文献里他们又被歌颂为创造文化的英雄。

伏羲氏

伏羲,亦称庖牺氏,是传说中人类文明的始祖,被尊为"三皇"之首。相传,他的母亲名叫华胥氏,是一个非常美丽的女子。有一天,她去雷泽郊游,在游玩途中发现了一个大大的脚印。出于好奇,她将自己的脚踏在大脚印上,当下就觉得有种被蛇缠身的感觉,于是就有了身孕。而令人奇怪的是,这一怀孕就怀了12年。后来就生下了一个人首蛇身的孩子,这就是伏羲。当地的人为了纪念伏羲的诞生,特将地名改为成纪,因为在古代,人们把12年作为一纪。据史学家考证,古成纪就是今天的天水。《汉书》中说道:"成纪属汉阳郡,汉阳郡即天水郡也。古帝伏羲氏所生之地。"所以,天水历来被称为"羲皇故里"。

根据传说和史籍记载,作为人类文明始祖,伏羲的主要功绩是教民作网用于渔猎,大大地提高了当时人类的生产能力。同时教民驯养野兽，这就是家畜的由来。他变革婚姻习俗，倡导男聘女嫁的婚俗礼节，使血缘婚改为族外婚，结束了长期以来子女只知其母不知其父的原始群婚状态。他始造书契，用于记事，取代了以往结绳记事的落后形式。他发明陶埙、琴瑟等乐器，创作乐曲歌谣，将音乐带入人们的生活，帮助人们"修身理性，反其天真"。他将其统治地域分而治之，而且任命官员进行社会管理，为后代治理社会提供了借鉴。

另外，伏羲还创立了八卦。

在天水麦积区（原叫做北道区）渭南乡西部，有一卦台山，相传这里就是伏羲画八卦的地方。传说在伏羲生活的远古年代，人们对于大自然一无所知。当下雨刮风、电闪雷鸣时，人们既害怕又困惑。天生聪慧的伏羲想把这一切都搞清楚，于是他经常站在卦台山上，仰观天上的日月星辰，俯察周围的地形方位，有时还研究飞禽走兽的脚印和身上的花纹。

有一天，他又来到了卦台山上，苦苦地思索长期以来观察的现象。突然，他听到一声奇怪的吼声，只见卦台山对面的山洞里跃出一匹龙马。说它是龙马，那是因为这个动物长着龙头马身，身上还有非常奇特的花纹。这匹龙马一跃就跃到了卦台山下渭水河中的一块大石上。这块石头形如太极，配合龙马身上的花纹，顿时让伏羲有所了悟，于是他画出了八卦。

燧人氏

在远古蛮荒时期，人们不知道有火，也不知道用火。到了黑夜，四处一片漆黑，野兽的吼叫声此起彼伏，人们蜷缩在一起，又冷又怕。由于没有火，人们只能吃生的食物，经常生病，寿命也很短。

伏羲看到人间生活得这样艰难，心里很难过，他想让人们知道火的用处，于是伏羲大展神通，在山林中降下一场雷雨。随着"咔"的一声，雷电劈在树木上，树木燃烧起来，很快就变成了熊熊大火。人们被雷电和大火吓着了，到处奔逃。不久，雷雨停了，夜幕降临，雨后的大地更加湿冷。逃散的人们又聚到了一起，他们惊恐地看着燃烧的树木。这时候有个年轻人发现，原来经常在周围出现的野兽的嚎叫声没有了，他想："难道野兽怕这个发亮的东西？"于是，他勇敢地走到火边，发现身上很暖和。他兴奋地招呼大家："快来呀，这一点不可怕，它给我们带来了光明和温暖！"这时候，人们又发现不远处烧死的野兽，发出了阵阵香味。人们聚到火边，分吃烧过的野兽肉，觉得自己从没有吃过这样的美味。人们感到了火的可贵，他们拣来树枝，点燃火，保留起来。每天都有人轮流守着火种，不让它熄灭。可是有一天，值守的人睡着了，火燃尽了树枝，熄灭了。人们又重新陷入了黑暗和寒冷之中，痛苦极了。

伏羲在天上看到了这一切，他来到最先发现火的用处的那个年轻人的梦里，告诉他："在遥远的西方有个遂明国，那里有火种，你可以去那里把火种取回来。"年轻人醒了，想起梦里伏羲说的话，决心到遂明国去寻找火种。

年轻人翻过高山，涉过大河，穿过森林，历尽艰辛，终于来到了遂明国。可是这里没有阳光，不分昼夜，四处一片黑暗，根本没有火。年轻人非常失望，就坐在一棵叫"遂木"的大树下休息。突然，年轻人眼前亮光一闪又一闪，把周围照得很明亮。年轻人立刻站起来，四处寻找光源。这时候他发现就在遂木树上，有几只大鸟正在用短而硬的喙啄树上的虫子。只要它们一啄，树上就闪出明亮的火花。年轻人看到这种情景，脑子里灵光一闪。他立刻折了一些遂木的树枝，用小树枝去钻大树枝，树枝上果然闪出火光，可是却着不起火来。年轻人不灰心，他找来各种树枝，耐心地用不同的树枝进行摩擦。终于，树枝上冒烟了，然后出火了。年轻人高兴地流下了眼泪。

年轻人回到家乡，为人们带来了永远不会熄灭的火种——钻木取火的办法，从此人们再也不用生活在寒冷和恐惧中了。人们被这个年轻人的勇气和智慧折服，推举他做首领，并称他为"燧人"，也就是取火者的意思。

商丘市城西南的燧皇陵，相传就是燧人氏的葬地。其冢高约 7 米，周围松柏环绕。冢前有中国历史博物馆馆长俞伟超先生的手书碑刻及后世刻的石像生，这是人们为纪念燧人氏而立的。

神农氏

神农氏，即炎帝，就是我们所说的"炎黄子孙"中的"炎"，是远古传说中的太阳神。传说炎帝神农本为姜水流域姜姓部落首领，人身牛首，三岁知稼穑，长成后，身高八尺七寸，龙颜大唇。他发明农具，以木制耒，教民稼穑饲养、制陶纺织及使用火，功绩显赫，以火得王，故为炎帝，世号神农。他曾建都山东曲阜，被后世尊为农业之神。

传说，神农时种庄稼，用石片在地里敲着、走着、喊着："草死，苗长。"后来，人们变懒了。天热时，用绳子把石片吊树上，人们坐在树下敲着，喊着。草也不死了，没办法，人们拿铲子铲草。地晒干了，铲草费力气。有的劲使猛了，铲子也弯了，翻过来扒，比铲着省劲，从此有了锄。

神农氏又曾跋山涉水，尝遍百草，找寻治病解毒良药，以救夭伤之命。

一次，神农氏在深山老林采药，被一群毒蛇围住。毒蛇一起向神农氏扑去，有的缠腰，有的缠腿，有的缠脖子，想致神农氏于死地。神农氏寡不敌众，终被咬伤倒地，血流不止，浑身发肿。他忍痛高喊："西王母，快来救我。"王母娘娘闻听呼声后，立即派青鸟衔着她的一颗救命解毒仙丹在天空中盘旋窥瞰，终于在一片森林里找到了神农氏。毒蛇见到了王母的使者青鸟，都吓得纷纷逃散。

青鸟将仙丹喂到神农氏口里，神农氏逐渐从昏迷中清醒。青鸟完成使命后翩然腾云驾雾回归。神农氏感激涕零，高声向青鸟道谢，哪知，一张口，仙丹落地，立刻生根发芽长出一棵青草，草顶上长出一颗红珠。神农氏仔细一看，与仙丹完全一样，放入口中一尝，身上的余痛全消，便高兴地自言自语："有治毒蛇咬伤的药方了！"于是，给这味草药取名"头顶一颗珠"。后来，药物学家给它命名为"延龄草"。

神农氏尝百草时，随身带着一只能看到五脏六腑、十二经络、帮助他识别药性的活"仪器"——獐鼠，又名"獐狮"。民间有"药不过獐鼠不灵"之说。一天，獐鼠吃了巴豆，腹泻不止。神农氏把它放在一棵青叶树下休息，过了一夜，獐鼠奇迹般地康复了，原来是獐鼠吸吮了树上滴落的露水解了毒。神农氏摘下青叶放进嘴里品尝，顿感神志清爽、甘润止渴。神农氏教人们种了这种树，它就是现在的茶树。这就有神农架民间传唱着"茶树本是神农栽，朵朵白花叶间开。栽时不畏云和雾，长时不怕风雨来。嫩叶做茶解百毒，每家每户都喜爱"的山歌。

神农后因误食"火焰子"肠断而死。炎帝神农在位 120 年，传七代世袭神农之号，共计 380 年。为了怀念他，旧时的药铺里，常挂着一幅画像，那是一个浓眉大眼、笑容可掬、腰围树叶、手执草药的人，他就是"神农氏"。

占卜

　　采用动物的肩胛骨作为占卜材料，从骨的颜色、裂痕和其他特征来推测将来的吉凶，是古代社会中一种十分普遍的、神圣的风俗。公元前4000年，居住在中国北部的居民似乎是世界上最早用动物肩胛骨占卜的人群。中国已发现的年代最早的卜骨是在仰韶文化晚期的河南淅川下王岗遗址出土的，其次是在龙山文化山东龙山城小崖遗址中发现的。在邯郸涧沟遗址中，发现了大量卜骨，它们用猪、羊、牛和鹿的肩胛骨做成，上面有火灼的痕迹，表明占卜活动有一定的规模。齐家文化甘肃永靖大何庄遗址发现14块卜骨，均为经过灼烧的羊肩胛骨，但没有钻、凿的痕迹。占卜活动的出现意味着先民已经不满足于应对当前的生活事务，还要求对未来的吉凶做出预测，用卜骨上的征兆来推断神意。占卜的活动在商朝达到全盛，占卜的材料除了肩胛骨以外也广泛使用龟甲。商朝覆灭以后，这类占卜活动在周初仍然继续进行，但过了不久便日渐息微了。

　　甲骨作为占卜的材料，大抵来自祭牲的身上。当时的人相信这些祭牲有神奇的力量，可以协助人与另一个世界的祖先沟通。商代的占卜以卜为主，即在龟甲或兽骨上钻孔，用火进行灼烤，然后依据它们周围呈现的裂纹形状、颜色等来推断所问之事的吉凶。占问前，骨块和龟甲都要经过仔细的准备，分别凿出凹槽以便经火烤之后裂痕更有系统。事后还要刻上文字，记下占卜的缘由和结果，有时连应验的效果也要记载下来，来证明占问是否灵验。这个时候人们有时也用占，即用蓍草数目的变化，得出卦象，来推测未来的吉凶，这个称为筮，也叫占筮。此外，还有一些擅长释梦的占人，他们似乎是根据星象占梦。还有另外一类星相家，他们的责任是解释包括日食月食在内的天象。商朝覆灭以后，占渐渐取代卜，也就是蓍草代替了甲骨。而在周朝时，特别是《易经》问世后，蓍草更是日益普及。但是蓍茎不易保存，不能像甲骨那样长久存留下来。现在有证据表明当时占时使用了占卜手册，可惜今已失传。那时解释占卜的方法是依据当时使用的三种占卜手册中的一种。这些手册的核心部分大抵不出《易经》六十四卦象，这六十四卦象由八卦变化演绎而成，每个卦象又有三条或连或断的线组成。今天，仍有用《易经》占卜的，占卜者把弄蓍草像玩纸牌一样。不过，用这种方法很费时间，在中国台湾、东南亚等地很多人已经改用硬币，把硬币放进龟形容器里摇动一会儿，然后倒出来，由硬币底面的不同排列而做出推算。

古人对占卜是十分重视的，凡是重大行动都必须先进行占卜然后再行事。关于史料对占卜这方面的记载，《礼记·曲礼》说："龟为卜，策为筮。卜筮者，先圣王之所以使民信时日、敬鬼神、畏法令也，所以使民决嫌疑、定犹与也。"《礼记·表记》说："昔三代明王皆事天地之神明，无非卜筮之用，不敢以其私，亵事上帝，是故不犯日月，不违卜筮，卜筮不相袭也。大事有时日，小事无时日。有筮，外事用刚日，内事用柔日，不违龟筮。"

古人占卜的方法是多种多样的。如《太平御览》引《博物志》有虎卜，引《史记》有鸡卜，引《隋书》有鸟卜，引《荆楚岁时记》有竹卜，引《晋书》有牛蹄卜。到现在，中国许多少数民族尚保留着一些原始占卜的方法，如苦聪族有草卜、鸡蛋卜，佤族有牛肝卜、鸡骨卜、手卜，黎族有鸡卜、石卜、泥包卜，景颇族有竹卜，傈僳族有刀卜、贝壳卜、竹卜，彝族有羊肩胛骨卜、木卜、鸡卜、竹卜、鸡蛋卜，羌族有鸡蛋卜、羊毛绒卜等。凉山彝族将灼骨分上下左右四方，上方为外方，下方为内方，左方为己方，右方为鬼方。烧烤后，如果在下方左方出现直且长的纹，说明推测之事为吉，否则为凶。云南丽江纳西族在用羊肩胛骨占卜时，请东巴巫师念咒祝，用艾团烧灼羊骨，灼到羊骨的时候，在灼点放上 20 多颗麦粒，接着羊骨被灼裂，麦粒突然飞起，巫师则宣称神明已到，于是按裂纹给问卜人讲解未来吉凶。

占卜活动一般由君王主持，在宗庙里举行。占卜的对象多是祖先的亡灵。古代专司占卜的人仅就占卜仪式而言分为三种：负责提问的占人，主管占卜仪式本身（包括烧灼甲骨）的人员以及负责解释甲骨的人。此外，还可能有主祭和助手。若是君王占卜，还有史官将整个仪式记录下来。君王所占的事务多与国家大事或君王的私人生活有关，目的是请超自然的力参与自然和人生，是祈求神灵的祝福和避免祸患与惩罚。

后来，人们渐渐发现了占卜的局限，即道德抉择是占卜预言力不能及的。占卜的局限，更意味着一个新时代的崛起。在这个新时代里，人们抉择行事依靠自己的力量和自己的道德直觉，而不再依赖于占卜了。

祭祀

人们之所以占卜，是因为他们相信神灵的存在以及神灵保佑人的能力。因此，占卜只是人们与神灵沟通的方法之一，这可能属于中国原始宗教观念形态方面的内容，而至于组织活动方面，我们首推祭祀。据很多甲骨文记载，人们往往在祭祀前进行占卜活动，这说明古代的占卜和祭祀有密切的关系，前者很可能是后者的准备工作。

祭祀活动似乎来自于周时形成的一种关于亡魂的观念，和古希伯来人一样，中国人也相信世界分成天、地、幽冥世界这三层，上为"天"，下为"幽冥世界"，而人所在的大地界于两者之间。人们深信，人死之后其魂会升到天上，而魄则沉到地下。这一观念在商代的宗教信念及占卜和祭祀风俗中也有所体现。而且，亡魂并不是"囚禁"在幽冥世界中。例如，王室的祖先或许因为和神有特殊的关系，在亡灵中享有特权，它们往往与神同在，住在"高高在上"的地方，对世人仍然掌有奖赏保护或是处罚诅咒的权力。这些王室祖先虽然已离开人间，却仍受后人供奉和祭祀。

祭祀最初只是向亡灵供奉食物的一种简单形式。而据商代甲骨文的记载，享有祭品的已不仅仅是天神了。后来的文献所描述的一套繁复的朝廷祭礼表明，每种祭祀都有各自的名称，而祭祀对象已包括了天神、地祇和祖先亡灵。关于"祭"字的来历，有一种说法。据说它是由一幅祭祀神灵的图画演变而来：祭坛上摆设着肉和酒，而这些肉和酒是献给神灵的祭品。

祭祀中的祭品是什么？祭祀的场所和祭器又是什么样的？献祭的程序又如何？

据甲骨文、金文及后来的一些典籍记载，祭祀中的祭品一般是祭牲，以牛、羊、猪为主，比较重要的祭祀多数用幼牛，另外，玉帛也可以用作祭品。祭牲一定要上好的，不能有缺陷。

古代祭祀活动的场所一般为祭坛。辽宁东山嘴发现了一座红山文化大型祭坛，祭坛的外形为南圆北方，恰好与古文献中郊祀的礼制相符。祭坛建在山嘴上，而且在那出土了孕妇塑像，由此可推知祭祀的对象大约有山川之神、生殖女神和土地神。祭坛附近没有居住遗存，很可能是部落或部落联盟公共的用于宗教祭坛的场所，平时人们住在别的地方，祭祀时就从四面八方来到这个地方举行较大规模的宗教仪式。此外，辽宁牛河梁红山文化女神庙和积石冢也是一种宗教场所，只不过样式与别的有所不同。那里有一个南北长 175 米，东西宽 159 米的平台，平台的边沿有几段石墙，据推断可能是祭祀的地方。女神庙位于平台南侧下的坡地上，具有一定的规模，里面安放着女神群像。存留的泥塑头像，与真人相当，应该是近祖女神；而从存留的另一人像泥塑残件可推断，在主室中心部位，曾安置有比真人大出三倍的女神，女神旁边有猪龙和禽塑作陪，应当是远祖英雄或者天上之神。女神庙在设计、技术和艺术上都有突出的特点，显示了它的价值和成就之高。积石冢群环绕在与女神庙距离不等的地方，有若干处，冢与冢相连，也具有一定的规模。这些积石冢结构很复杂，冢内排列着石棺墓，有大有小。石棺墓内随葬玉器，墓外排列着彩陶筒形器。其实积石冢是比较大的宗教活动中心，参加的人们远远超出氏族的范围，带有墓祭的性质。在甘肃永靖大何庄遗址发现的五处"石圆圈"，用天然的扁平砾石排列而成，附近分布着许多墓葬，石圈旁有占卜的骨头和牛羊骨架，由此推断大约是先民进行丧葬仪式或其他宗教祭祀的场所。

另外，还有中国玉器时代良渚文化的余杭瑶山祭坛遗址，它位于瑶山山顶的西北部，约 400 平方米，里外三重，最里层是红土台，平面大致呈方形，据学者们推论是当时的人们祭天祀地的地方。该祭坛区有 12 座墓葬，大约是巫觋的墓葬，随葬品中有很多玉琮、玉璧等玉质礼器，玉琮上刻有神人兽面图案，应当是巫师通神驱鬼的法器。冠状玉饰的上部是神人像，下部是兽面，可能是图腾神的形象。玉龙首镯、玉龙首璜、玉龙首圆牌都有龙首形象，表明当时龙已经被人们视为神物，成为崇拜的对象。除了祭坛之外，宗庙里某些殿堂院落也是进行祭祀的场所，里面大小形状各不相同的青铜器皿则用来盛放生熟祭肉。

祭器不是在祭祀活动刚形成时就有的。在早期墓葬和遗址中，随葬和遗留器物都是生产工具和生活及装饰用品。后期墓葬才出现了专用于宗教活动的祭器。这些专用祭器的出现，是原始宗教由低级向高级发展的标志之一，说明人们的宗教意识强化了，宗教祭祀精化了。河南淅川下王岗遗址，早一期随葬品很多都是实用物，早二期随葬品则很多是专做的明器。大汶口墓地的死者身上有一种奇特的佩戴物——龟甲，有的仅有甲背，有的是成对背腹甲，有的龟甲上穿孔，有的则内置石子或骨针，这可能具有辟邪驱鬼的宗教意义。在若干墓葬中，还发现了獐牙和獐牙钩形器，多放置在死者手中或近旁，其意义可能是想借助獐的勇猛性灵来保护死者的遗体。龙山文化三里河墓葬，出土了制作极为精美的成组玉器，貌似专用于宗教祭祀的礼器。如前文所说，红山文化有随葬玉器，良渚文化有随葬玉琮、玉璧等，这些玉制品没有生产或生活的实用价值，它们是宗教丧葬祭祀用品。以玉为葬，以玉为祭，使宗教文化与审美意识的发展结合起来，由粗陋走向高雅，积淀着人类的智慧。

至于献祭的程序步骤，甲骨文、金文及后来的典籍都有记载。献祭时，人们把祭牲带到献祭的地方，主祭在助手的协助下将祭牲开膛宰杀。他们将祭牲的脂肪割下来烧，用飘出的烟来邀请神灵降临，祭牲的内脏也要清理并烤熟。

佛教传入中国的故事

　　印度佛教究竟于何时传入中国，历史上存在着多种传说，但仔细推究，这些传说并无可靠的证据，多是佛教方面在与道教的争论过程时杜撰出来的，不过它们早已在历史上产生了不同程度的影响，有必要在此——分析。《山海经·海内经》开篇即说："东海之内，北海之隅，有国名朝鲜、天毒，其人水居，偎人爱之。"宗炳在其《明佛论》中引此语，说明三皇五帝之时已有佛教传入了，他说："'爱'、'偎'之义，亦如来大慈之训矣，固亦闻于三五之世。"（《弘明集》卷一）释迦牟尼的生活年代，较为流行的说法是在公元前565—前485年，而各种关于释迦牟尼生活年代的其他说法，也大致在这个年限的上下100年，但三皇五帝时代，却是在公元前三四千年了，况且天毒（即天竺，今印度）之国也不与朝鲜同处在东海之滨、北海之隅。此说显然是错误的。

　　《周书异记》中载，周昭王二十四年（前977年），国王曾感知到佛陀出世的异象，这种说法在唐僧法琳的《对傅奕废佛僧事》中曾引用，而法琳此书又被收入《广弘明集》传世，因而在佛教界内影响很大。但《周书异记》是一部伪书，大致成书于南北朝时期。

　　《列子·仲尼第四》中说到，孔子深知西方的佛为大圣，能"不治而不乱，不言而自信，不化而自行"。孔子是春秋末年人，生活的年限大致是公元前551—公元前479年，而佛教开始向外传播的年代是阿育王时期，即公元前3世纪，远远晚于孔子生活的时代，但这一说法广为佛教界所引用。

此说见于晋人王嘉的《拾遗记》，此书载有一位据说是130岁的印度僧人在燕昭王七年（前305年）持瓶荷锡来到燕都，并施行异术的说法。但这一时期的印度佛教尚未北传出境，此书原文也多佚失，是南朝萧梁时代的萧绮收集补作的，书中所记，多诡怪离奇之事。

宗炳在《明佛论》中根据佛图澄关于临淄（今属山东省淄博市）有古阿育王寺遗迹的说法，而认为"有佛事于齐晋之地久矣哉"。至于古阿育王寺是在何时兴建的，法琳有个说法，说是在周敬王二十六年（前494年）（见其《对傅奕废佛僧事》，《广弘明集》卷十一）建的，这一说法也是不可信的，但从中反映出中国佛教对阿育王的尊敬。

法琳在《对傅奕废佛僧事》中说，道安和朱士行的《经录》中讲到，秦始皇时，有释利防等18位外国僧人持经来化秦始皇，秦始皇不听，并把他们囚禁起来，夜里有金刚劫狱，救出僧人，秦始皇这才因恐惧而稽首称谢。从时间上看，秦始皇时代，阿育王已派人传教，但尚无确凿史料证据来证明秦朝和孔雀王朝有过交往，且法琳所引的这种说法，首见于隋费长房的《历代三宝记》卷一，不过费长房并未说明此说是出于道安和朱士行的《经录》，不知出自何处。如果道安的《经录》中有这种重要事件的记载的话，那么南北朝时期的佛教史作品就应该注意到了，但像僧祐的《出三藏记集》和慧皎的《高僧传》中都未提及。朱士行的《经录》则是伪书。

汉武帝时代已知佛教，佛教界的传说有多种。宗炳《明佛论》中有"东方朔对汉武劫烧之说"一语，是讲东方朔向汉武帝说明劫烧的理论。"劫烧"是指佛教所言世界毁灭时所遭受的大火，这一传说说明东方朔对佛教的理解程度已经比较深入了，佛教传入也有一段时间了。但《高僧传》中的记载，却是说东方朔不知劫烧，"昔汉武穿昆明池，底得黑灰，以问东方朔，朔云不知，可问西域人"（《竺法兰传》，《高僧传》卷一）。后来竺法兰来华，才指出此是劫火烧过后留下的黑灰。汉武帝时已通西域，但汉使是否就确切地知道西域流传的佛教呢？《魏书·释老志》中说到"及开西域，遣张骞使大夏，还，传其旁有身毒国，一名天竺，始闻浮屠之教"。《魏书》的这个结论有些武断，知道有天竺国，并不等于确切地知道该国有佛教，张骞自己回来后只说天竺国"地多暑湿，乘象而战"（《西域传》，《后汉书》卷一一八），并没有提到佛教之事。按理说他是可以对佛教有所了解的，只是没有对其加以特别的注意。汉武帝时还有"金人"的传说，《魏书·释老志》又说，汉武帝遣霍去病西征，讨伐匈奴，获匈奴的金人。匈奴人对金人的祭法是，"不祭祠，但烧香礼拜而已"。《魏书》因而认为这是佛教流通中国之始。如果说金人指的就是佛教中的佛像，那么佛教传入中国的确切时间就有了依据，但在《汉书》和《史记》等史籍中，都明确地讲这个"金人"是祭天用的，为祭天主。匈奴族人有祭天地鬼神及其祖先的习俗，中国民间也有此类信仰。金人乃是所祭的偶像，并非后来中国佛教所指的佛像。佛教在中国盛行后，佛像也称金像，以此来推想匈奴之金人也属佛像，是很自然的事。其实在汉武帝时期的公元前2世纪，印度还没有开始制造和崇拜佛像。

此说的依据是，汉成帝时，刘向在校阅皇家藏书的时候，发现有佛经数种。宗炳的《明佛论》最早引用此说，云"刘向《列仙叙》，七十四人在佛经"。这是说刘向所著的《列仙传》，在其序文中说到佛经中记载了74个人的名字。这说明汉成帝之时已有佛经了，所以僧祐说："昔刘向校书，已见佛经，故知成帝之前，佛法久至矣！"（《出三藏记集》卷二）《世说新语·文学篇》中的刘孝标注，也得出了同样的结论。对于此说，颜之推首先提出过疑问，指此说乃"后人所羼，非本文也"（《颜氏家训·书证篇》），即不是《列仙传》

中原来就有的，而是后人加进去的。实际上，当时佛教中还没有成文经典的出现，何以在中国有了佛经呢？

佛教究竟什么时候传入中国？长期以来，不能定论，有的甚至添加了许多神话色彩。为什么产生如此纷杂的说法呢？最主要还是缺乏确切的史料根据。佛教刚传入中国时，并未引起社会重视，只是在一部分人中悄悄流传。后来史书上所载的佛教初传，大多只是根据传说。另外，魏晋时期，佛道两教之间展开了激烈的论争，双方为了抬高各自的地位，都编造了许多神话传说，并攀附这些神奇怪异的传说，而佛教徒们尽力把佛教传入的时间提前。这样，佛教如何传入中国之事，便被笼上了一层朦胧而神奇的迷雾。关于这一问题，历史上人们谈论最多的就是汉明帝夜梦金人，遣使求法，使佛法流传汉地的故事。这一传说故事中，有神话传奇的成分，但基本情节尚属可信，唯傅奕以"佛"为对，说明当时已有佛教在民间流传，只是未能传到宫廷而已，因此还不能作为佛教最初传入的记录。在裴松之所注《三国志》中，引用了三国时魏国钱蓁所著《魏略·西戎传》，关于汉哀帝元寿元年（前2年）博士弟子景庐受大月氏王使臣伊存口授《浮屠经》的记录，并解释说："复立（豆）者，其人也。《浮屠》所载临蒲塞、桑门、伯闻、疏问、白疏问、比丘、晨门，皆弟子号。"大月氏于公元前130年左右迁入大夏，当时大夏已有佛教流传。大约1世纪时，月氏人的贵霜王朝成为中亚的强大的帝国，并且也是中亚地区的佛教中心。汉代许多从事经商的月氏人来华，同时也带来一些佛教经典，所以在汉哀帝时，由月氏王派人来汉地传播佛教，是完全可能的。

综上所述，大约在两汉之际，即1世纪前后，印度佛教开始通过西域，逐渐传到中国内地。

印度求法的传说和白马寺

　　过去一般以东汉明帝于永平年间向大月氏派遣使者求法，迎请印度僧人来华作为佛教传入中国的开始。汉明帝有没有遣使求法呢？从现存一些史料分析，这是可能的，但却不是佛教传入中国的开始。关于此事的最早的记载是汉译《四十二章经序》。某天晚上，汉明帝刘庄做了一个梦，"夜梦见神人，身体有金色，项有日光，飞在殿前"，早晨问群臣所梦为何神，傅毅回答说："天竺有得道者，号曰佛，轻举能飞，殆将其神也。"大意是梦见一位神仙，金色的身体有光环绕，轻盈飘荡从远方飞来，降落在御殿前。汉明帝非常高兴。第二天一早上朝，他把自己的梦告诉群臣，并询问是何方神圣。太史傅毅博学多才，他告诉汉明帝：听说西方天竺（印度）有位得道的神，号称佛，能够飞身于虚幻中，全身放射着光芒，君王您梦见的大概是佛吧！于是明帝派使者羽林郎中秦景、博士弟子王遵等 13 人去西域，访求佛道。据说秦景等人在大月氏得遇印度高僧迦摄摩腾、竺法兰，取得佛经，并邀同来中国。他们以白马驮经，越葱岭，穿流沙，于永平十年（68 年）回到国都洛阳。汉明帝对二位印度高僧极为敬重，亲自接待，并将他们安置在鸿胪寺暂住。鸿胪寺是当时掌管外交事务的官署。明帝于第二年就命人在当时的洛阳城西修建寺院。

　　东汉末年的《牟子理惑论》也有类似记载，但情节有所发展。

此后受佛道二教斗争的影响，一些人出于不同的意图把明帝遣使求法加以修饰和补充，在此基础上增添不少新的情节。一是确定求法的时间，西晋道士王浮伪造《老子化胡经》，说老子早在周幽王时已出关到西域教化"胡人"，释迦牟尼佛是他的弟子。明帝在永平七年（64年）遣使求法，永平十八年（75年）归（《广弘明集》卷九载《笑道论》引）。然而最有影响是《历代三宝记》卷二所说永平七年遣使，永平十年（67年）归国的说法。二是增加迎请印度僧人迦叶摩腾（或作摄摩腾）、竺法兰来华的情节，说使者用白马驮经及佛像而归。南齐王琰《冥祥记》（《法苑珠林》卷十三引）、梁慧皎《高僧传》卷一、《历代三宝记》卷二等的记载最有影响。

永平求法说在后赵王度上呈石虎的奏议中，在北魏太武帝取缔佛教的诏书、唐太宗的《三藏圣教序》，以及在唐代韩愈上宪宗的《论佛骨表》等重要文献中也被作为历史事实反复引用，以此作为佛教传入中国的开始。这种说法之所以具有巨大影响，可能与所传说的佛教三宝（佛像、佛经、僧人）同时传入有关。从当时历史背景考察，汉明帝求法说的基本情节还是不容轻易否定的，至于汉明帝何年派遣使者，使者是谁以及何年归国等细节，因为史书无征，可以阙疑。但这只是佛教向中国的进一步传播，而不是佛教传入中国的开始。

现在洛阳东 12 公里处有一座古老寺院，掩映在郁郁葱葱的松林古木之中，雄伟的殿堂，高耸的宝塔，给人留下难忘的印象。这就是著名的白马寺，素有"中国第一古刹"之称。它坐落在北邙山下，洛水之旁，俯瞰着中原大地，在晨钟暮鼓声中，送走了 1900 多个寒暑。

据传说最初就是明帝时为安置来华的印度僧人迦摄摩腾、竺法兰而建的。寺院取名"白马"，一种说法是因明帝遣使迎归印度僧人，是用白马驮经而来。另有一种说法是，从前一位印度国王毁佛，国内仅剩一名为"招提"的寺院未损毁。夜间，国王睡梦中见一匹白马绕塔悲鸣不已，国王大受感动，以为是神灵启示，于是决定停止毁佛，并将"招提"改名为"白马"。第三种说法故事发生在中国。明帝遣使取回佛经后，开始兴建佛寺，最初命名为"招提"。后来有王打算毁佛，因夜梦白马绕塔悲鸣而打消了念头，并将招提寺改为白马寺。也有说是明帝夜见白马悲鸣而改招提为白马寺的。实际上，洛阳白马寺最初不一定是这个名字，因为较早的《四十二章经》、《牟子理惑论》都没有提及。寺院最初的面貌也不一定是今天这个样子，但它确实是中国最早的佛寺。

据记载，白马寺建成后，已学会汉语的迦摄摩腾、竺法兰便在此处译经，译出了《四十二章经》等。汉明帝对所译经书十分珍爱，敕令藏于皇室图书馆——兰台石室。他们所译的经典，特别是《四十二章经》对佛教在中国最初的传播起了很大的推动作用，因此后人称迦摄摩腾来洛阳是"汉地有沙门之始"，尊白马寺为中国佛教发源地。

东汉著名的译经僧安息王子安世高、月氏人支娄迦谶等据传都是在白马寺从事译经活动的，与他们同在洛阳译经的还有竺佛朗（天竺人），安玄（安息人），之曜（月氏人），康孟祥、康巨（康居人）等。西晋时白马寺仍是中国重要的译经场所，被称为"敦煌菩萨"的竺法护就曾住于白马寺。北魏时印度僧人佛陀扇多，也曾在白马寺译经。总之，白马寺在中国佛教的发展中起过很大的作用，占有重要地位，是中国佛教最早的历史见证者。

白马寺原建筑规模极为雄伟，历代又曾多次重修，但因屡经战乱，数度兴衰，古建筑所剩无几，现在寺院主要为明清建筑，寺门两旁有传为迦摄摩腾、竺法兰二僧的墓。

三武一宗之难

佛教是外来宗教，是一种异国的意识形态和文化现象，它在中国的传播、发展，必然会与中国传统思想文化产生矛盾。另外，佛教的发展，需要有巨大的经济力量作为支持。寺院经济力量的过分发展，会引起世俗统治阶级的不满，种种交织在一起的矛盾激化时，会通过政治手段加以解决。中国佛教史上所谓"三武一宗"之难，也就是这种矛盾斗争激化的结果。

佛教自汉明帝传入中土以来，曾几度辉煌。佛教最兴盛的时候是在南北朝时期和中唐、晚唐时期。当时人们对佛教的狂热席卷全国。在这样的狂热下，那时的僧尼道众、庙宇寺院也是远多于现在，而且那时的僧尼还享有很多的特权。然而物极必反，历史上发生了多次反佛运动。

毁灭佛法事件，佛教徒称之为"法难"。在中国佛教史上曾经发生了四次较大的灭佛事件，即北魏太武帝灭佛、北周武帝灭佛、唐武宗灭佛、后周世宗灭佛，佛教史上统称为"三武一宗"灭佛事件。

北魏时期，汉代以来的图谶历数之学颇为流行，尤其道教天师寇谦之集道教方术之大成，对原始道教进行改造，吸收儒、佛思想，假托神人，制造道书。北魏太武帝出身鲜卑拓跋部，进兵中原，统一黄河流域，继道武帝、明元帝之后，重用儒者，尊崇儒家学说，并且信奉佛教，后来听信司徒崔浩的劝谏，笃信寇谦之的道教，而认为佛教是"西戎虚诞，妄生妖孽"，"为世费害"，便屡加排斥以致剪灭。太平真君五年（444年）诛杀佛教高僧释玄和慧崇，弹压沙门，下令上自王公，下至庶人，一概禁止私养沙门，并限期交出私匿的沙门，若有隐瞒，诛灭全门。翌年，卢水的胡人盖吴在杏城（陕西黄陵）起义，有众十余万。太平真君七年（446年），太武帝亲自率兵前去镇压，到达长安时，在一所寺院发现兵器、造酒器具、财物和窝藏妇女，大为震怒，于是以通敌、除伪存真为由，下令诛尽全寺僧众。北魏太武帝灭佛前后达七年之久。

北周武帝本来信奉佛教，因励精图治，更注重儒术。当时佛教急速发展，北方僧尼达200万人，佛寺3万余所（《魏书·释老志》）。僧尼享受免赋税徭役的待遇，寺院占有大量土地。武帝要统一北方，所采取的重要措施之一就是"求兵于僧众之间，取地于庙塔之下"。武帝首先是削减僧尼和寺院，此后多次召集名儒、众僧、道士、官僚，公开辩论，以定三教优劣。自天和三年至建德三年（568—574）先后举行七次辩论会。建德三年最后规定儒教为先，道教次之，佛教为后。但佛教徒不服，抗旨争辩。在五月十四日举行的辩论会上，道士张宾与僧人智炫激烈辩论，互相攻击和揭发对方的不净之处，难有胜负。于是，次日，下诏禁佛道二教。这次灭佛与北魏太武帝灭佛不同，一是对佛道二教皆禁止；二是虽毁坏寺院、焚毁经像，但并不屠杀沙门，而是迫使他们还俗为民；三是设立"通道观"，提倡"会通三教"，但强调以儒家为正统。建德六年（577年）北周灭北齐，周武帝又下令毁灭齐境佛教。然而，在这期间，也有很多僧人隐匿民间暗中奉佛，或逃到南方。

唐武宗灭佛，发生于会昌年间，故史称"会昌法难"。安史之乱后，唐朝国力迅速衰退。以往那种对外来文化兼容并蓄、完全开放的勇气和信心丧失殆尽。佛教作为异族宗教，自然也就在被排斥之列。唐武宗在即位之前就喜好道术，登上帝位之后，更崇信道士，尤其听信道士赵归真"释氏非中国之教，蠹害生灵，宜尽除去"的劝谏，加之宰相李德裕的极力支持，便"恶僧尼耗蠹天下，欲去之"。他自即位起，不断下令僧尼还俗，其钱谷田地收纳入官，拆毁天下山野山房、兰若及普通佛堂、斋堂。会昌三年（843 年）四月，他下诏"杀天下摩尼师，剃发令著袈裟作沙门形而杀之"。会昌五年（845年）三月，他敕令不许天下寺院建置庄园，又令勘检所有寺院及其所属僧尼、奴婢、财产之数，为彻底灭佛做好准备。同年四月，即在全国范围内展开全面毁佛运动。僧尼不论有牒或无牒，皆令还俗；一切寺庙全部摧毁；所有废寺的铜像、钟磬悉交盐铁使销熔铸钱，铁交本州铸为农具。据说当时天下所拆寺院 4600 余所，毁招提（十方寺院）、兰若（私置之寺）4 万余所，僧尼还俗 26 万余人，收膏腴数十万顷，奴婢 15 万人。因当时藩镇割据，有的地方幸免于难。会昌六年（846 年）武帝死，宣宗即位，又恢复佛教，但这一次灭佛，打击沉重，中国佛教至此元气大伤。

五代时期，诸国纷争，战争频繁，国力财力极其贫乏。后周世宗出于限制佛教以利于富国强兵的目的，在显德二年（955 年）下诏废除诸道州府县镇一切没有敕额的寺院，同时规定每个县城只能选择保留僧尼寺院各一所，若无尼僧，只保留一所；严格控制出家和受戒，凡出家者必须得到父母、祖父母的同意，并且要背诵或读定量的经文；严禁僧尼俗士舍身、烧臂、炼指、钉截手足等残害肢体，"眩惑流俗"的行为。此年废寺 30 336 所，保留寺院 2694 所，编于僧籍的僧尼有 61 200 人。周世宗此次灭佛，并没有大量屠杀僧尼、焚毁佛经，而是带有一种整顿佛教的性质，还保留着很多寺院与僧尼。

从佛教史总过程来看，这四次灭佛只是佛教在中国传播发展中的短暂的插曲。佛教在每次经受打击之后，通过内外调整，又迅速得到恢复发展。

鉴真东渡日本

　　日本在 8 世纪佛教已经广泛流行，在京城奈良和全国各地建造很多佛寺，僧尼数目也日渐增多。但是因为缺乏系统的戒律理论和合格律师，僧尼出家受戒不能严格按照戒律进行。日本朝廷为了加强对僧尼的管理和通过集中受戒控制僧尼数量，采取积极措施从中国输入律学著作并且派僧荣睿、普照二人到中国召请律僧赴日传法。在鉴真赴日之前，已有洛阳大福先寺的道璇应邀到达日本，开始向日本传授唐代南山律宗创始人道宣的《行事抄》等律学著作。然而把中国律宗正式传到日本，被日本律宗奉为祖师的是鉴真。

　　鉴真（688—763），在日本被尊称为"唐大和尚"，死后谥"过海大师"，俗姓淳于，广陵江阳（今江苏扬州）人。先后从道岸、弘景受菩萨戒和具足戒。道岸和弘景都曾师事道宣的弟子文纲，是当时著名的律宗学者。鉴真受戒后，历访长安、洛阳两京名僧，广习佛典、律书，后来回到扬州，在大明寺教授戒律，成为远近闻名的律师。唐天宝元年（742 年）日僧荣睿、普照特地到扬州大明寺邀请鉴真赴日传授戒律。当听说日本兴隆佛法，急需律师时，鉴真立即表示愿意前往，对为此正在犹豫的弟子说："是为法事也，何惜身命！诸人不去，我即去也。"（《东征传》）于是有 20 多位弟子表示愿意跟随他前往日本传法。

鉴真一行东渡日本并非一帆风顺。742 年，日僧荣睿和普照祈请鉴真"东游兴化"、渡日传律，鉴真不顾年逾五旬，毅然允诺。自此，开始了历时 12 年之久的东渡之举。鉴真一行曾六次起行，然而，或因海上航海条件限制，或因其弟子不忍其以年迈之身涉海东渡，秘密报官，加以阻留，致使前五次受挫。其中最惨重的是第五次失败。748 年，鉴真船队航行不久，便三次遇特大风暴，在海上漂泊数十日，几至绝境，最后漂至海南岛南端振州。一行人越过雷州海峡，辗转广西、广东、江西，经陆路回到扬州。在长期的羁旅生活中，日僧荣睿寂化于端州（今广东高要）、弟子祥彦身亡吉州（今江西吉安）。鉴真大师本人也因苦心焦虑与奔波劳顿而双目失明，但他毫无退悔之意，东渡之志不移。

753 年，日本遣唐使藤原清河等人再赴扬州向他致礼，陈述邀其向日本传戒之意。这样，又开始筹划第六次东渡。753 年，鉴真与其弟子终于以顽强的毅力战胜了海上的惊涛骇浪，在日本萨摩秋妻屋浦（今九州南部鹿儿岛大字秋目蒲）登岸，翌年年初，被迎入日本国都奈良东大寺，终于实现了东传佛法的宏愿。

此后，鉴真在日本渡过了一生中的最后 10 年。他受到日本政府及广大僧俗的欢迎和礼遇。天皇曾诏曰："自今以后，授戒传法，一任和上"，并授以传灯大法师位。鉴真在毗卢舍那大佛前筑坛为天皇、皇后、皇太子及僧俗 400 余人受戒，又相继在大佛殿西侧、下野药师寺、筑紫观世音寺建成坛院，称之为"天下三戒坛"，传布戒律，被奉为日本律宗初祖，所建唐招提寺成为律宗大本山。

鉴真东渡，促进了日本佛教的发展，其影响还涉及日本文化的各个领域。他带去了大量佛教经典、佛教艺术品及有关雕刻、建筑、绘画、医药、文学、书法等各方面的书籍和资料；其随行人员中除学有专长的弟子外，还有玉工、绣师、画师和雕檀、刻镂及铸写等能工巧匠 80 余人。实质上，鉴真一行是以僧团组织形式向日本传播盛唐文化的大型文化使团。在雕刻、建筑方面，鉴真于 759 年建造的奈良唐招提寺很好地体现了唐代建筑、雕刻的水平，至今仍被日本视为国宝。唐招提寺雕像以木雕为主，延至明治时代（1868—1911）仍被许多佛像雕刻所模仿，逐渐形成雕刻艺术上的"唐招提寺派"。在医药学方面，鉴真行医治病，传有《鉴真上人秘方》。他亲自校正了当时日本草药许多名不符实的错误，日本首任掌管医药的官员都曾随鉴真学习药物学。鉴真去世后，日本药物学界奉他为始祖。直至江户时代（1603—1867），日本包装草药的药袋上，还印有鉴真大师的肖像。在书法方面，东渡携带的各种字帖、经卷一度成为日本书法、印刷的楷模。总之，鉴真东渡在中日文化交流史上写下了不可磨灭的一页。

763 年，鉴真病逝于奈良，终年 75 岁，葬于唐招提寺内。每年六月六日鉴真圆寂纪念日时，这座著名寺院对外开放，展出鉴真使用过的法牒、法灯、袈裟等遗物。寺内供奉的鉴真干漆雕塑像，被定为日本国宝，受到特别保护，每年只开放三天，供人瞻仰。1980 年 4 至 5 月间，鉴真大师雕塑像在唐招提寺长老的护送下在中国巡展，更进一步加深了中日两国人民的交往与友谊。

韩愈谏迎佛骨

韩愈谏迎佛骨，是中国佛教史上一桩有名的公案，说的是唐元和十四年（819 年）宪宗敕迎法门寺佛骨，而刑部侍郎韩愈上《论佛骨表》加以劝谏的事。

韩愈（768—824），字退之，谥号文公，河南河阳（今河南孟州）人，自谓郡望昌黎，亦称韩昌黎，精通六经百家，而以文章著称于世，累官至国子祭酒、刑部侍郎、兵部侍郎及吏部侍郎。韩愈一生极力反对佛教，曾经以孟子辟扬墨自比。

法门寺佛骨，也称佛舍利，传说是释迦牟尼的指骨。相传古印度摩揭陀国孔雀王朝第三代国王阿育王，于公元前 2 世纪中叶以武力统一印度半岛之后，崇信佛教，借"鬼神"之力在世界各地建造了84 000 座宝塔，将释迦牟尼的舍利分置其中。传说位于陕西扶风县的法门寺塔即其中之一。因此之故，法门寺在古代亦称阿育王寺，寺塔称阿育王塔或真身宝塔，所藏佛骨极受历代信徒和信佛帝王的顶礼膜拜。尤其唐代达到了狂热的程度，有七次奉迎佛骨之事。唐朝皇帝每隔 30 年迎一次佛骨，为的是祈求神佛护李家社稷安泰兴盛，风调雨顺，国富民殷。与愿望相反，天灾人祸接连，宫廷挥霍浪费，官僚贪赃枉法，苛捐杂税压榨，民不聊生，国势日衰，一代不如一代。再加上每次奉迎供养佛骨，劳民伤财，更弄得国库空虚，人民穷困。到了宪宗李纯迎佛骨已经是唐皇第六次供养佛骨了，从地宫出土的《大唐咸通启送阳真身志文》中"宪宗启塔，亲奉香灯"等话中可以看出，唐宪宗还驾幸法门寺启迎佛骨。

据史书记载，元和十三年（818年）功德使奏报：凤翔法门寺有护国真身塔，塔内有释迦牟尼佛指骨一节，世传舍利塔当30年一开，开则岁丰人安。宪宗即诏许。

元和十四年（819年）正月，唐宪宗派中使杜英奇率领禁兵30人，手持香花与僧徒赴临驿（当时咸阳桥北岸，今西安西北）迎佛骨，开光顺门入唐紫禁城，留在宫内道场礼拜三日，又送奉京城诸寺院供养。其间，王公士庶奔走膜拜，争先舍施，百姓民众也唯恐在后，废业破产烧顶灼背截指断臂而求供养者亦多。

这时有一冒死谏阻的勇士挺身而出，这人就是刑部侍郎韩愈。韩愈作《论佛骨表》上疏谏阻，力陈奉迎佛骨的弊害，认为自东汉以来，魏晋六朝，国祚短促，帝王寿夭，都是信奉佛教的缘故。又崇信佛法，危害治国安民，尤其迎奉佛骨，伤风败俗，弊害无穷，故请以高祖沙汰佛徒为例，铲除佛教，将佛骨付之于水火，永绝根本。韩愈上表之后，不但没有起到劝阻的作用，反而触怒了宪宗。宪宗准备将之处以极刑。裴度、崔群等宰臣上前劝谏，请求从宽，宪宗说："愈言我奉佛太过，我犹为容之。至谓东汉奉佛之后，帝王咸致夭促，何言之乖刺！愈为人臣，敢尔狂妄，固不可赦。"最后韩愈被贬为潮州刺史。韩愈著名的《左迁至蓝关示侄孙湘》一诗，便是在贬往潮州途中写的，反映了佛教史上的这一公案，诗曰："一封朝奏九重天，夕贬潮阳路八千。欲为圣明除弊事，肯将衰朽惜残年。云横秦岭家何在？雪拥蓝关马不前。知汝远来应有意，好收吾骨瘴江边。"

韩愈是杰出的文学家、诗人。他一生四起四落，两次被贬广东。南粤百姓对韩文公有深厚感情。他谏迎佛骨，主要是反对铺张，并不是与佛无缘。他对佛教中的一些精华原理和睿智的佛教人士并不一概排斥。他到潮州后结识、交往潮州本地的大颠法师，就有很多佳话流传至今。大颠是佛教禅宗南宗高僧石头希迁的弟子，于唐贞元七年（791年）在潮阳西幽岭下创建灵山寺，韩愈到潮州时大颠已经80多岁了。韩愈是河南河阳人，初到潮州，不习惯潮州方言，有"远地无可与语者"的寂寞，恰好大颠祖籍颍川（今河南许昌），可算是同乡人。韩愈慕名连发三封书信请大颠禅师到州治叙谈，到潮阳祭海时还登门访谒，离开潮州时特地到灵山寺赠衣。今灵山寺"留衣亭"尚属一胜迹。原广东省政协主席吴南生因此而为灵山寺撰写了山门联：刺史留衣，传千秋佳话；高僧说法，开一郡禅风。

当过吏部、刑部、兵部侍郎等职的韩愈，难免有"铁心肠"。他从大颠那里吸取了佛教的心性论等进步哲学，而变得有"佛量"了。例如，他吸收了佛教的"心性论"，丰富了他的儒学学说。潮籍汉学大师、香港大学教授饶宗颐说这两位宗师的结合是"儒佛交相辉"。著名学者陈寅恪在《论韩愈》中说："正是通过对禅宗学说的吸收融合，韩愈能成为中国文化学术史上承先启后转旧为新的关键人物，开启宋代以后新儒学的先河。"正是有了两位宗师的交往，才有儒佛交相辉映，照耀潮州文化。

金瓶掣签

"瓶"在藏语中发音为"奔巴"（或"本巴"），所以"金瓶掣签"也称"金奔巴掣签"，是清朝中央政府对西藏、蒙古地区行施主权，通过特定的宗教程序，由中央政府官员会同藏、蒙地区政教领袖和代表，在皇帝所赐金瓶中抽签以认定西藏达赖、班禅及蒙古章嘉和其他大活佛（"呼图克图"）的转世灵童（"呼华勒罕"）的做法，后成为藏传佛教的一项重要宗教仪式和中央政府确认藏、蒙地区活佛合法地位的重要制度。

以往在大活佛，特别是达赖、班禅转世时，往往发生各大贵族间争权夺利的斗争，他们在认定达赖、班禅等活佛的转世灵童过程中，地方权贵家族往往操纵护法神，选择自己的家族或亲戚的人为活佛继承人，活佛之位如同世袭。于是在乾隆五十七年（1792年）清政府特颁发两个金瓶，一置拉萨大昭寺，一置北京雍和宫，凡在理藩院注册的藏传佛教蒙、藏大活佛，如章嘉呼图克图、哲布尊丹巴、达赖、班禅等转世时，均须将寻得的若干"灵童"的名字写在象牙签上，置金瓶中，由理藩院尚书在雍和宫或由驻藏大臣在大昭寺监督抽签掣定。此后遂成定制。

金瓶掣签的具体过程，如《达赖喇嘛传》所说："依照藏人例俗，确认灵童必问卜于四大护法，这样就难免发生弊端。大皇帝为求黄教得到兴隆，特赐一金瓶，今后遇到寻认灵童时，邀集四大护法，将灵童的名字及出生年月，用满、汉、藏三种文字写在牙签上，放进瓶内，选派真正有学问的活佛，祈祷七日，然后由各呼图克图和驻藏大臣在大昭寺释迦佛像前正式认定。假若找到的灵童仅只一名，亦须将一个有灵童名字的牙签和一个没有名字的牙签，共同放进瓶内，假若抽出没有名字的牙签，就不能认定已寻得的儿童，而要另外寻找。"直至抽到有名字的牙签，才能确认为真正的灵童，从而被确定为前世大活佛的转世，成为合法的继承人。

本教与佛本之争

本教，又称本波教、波教，因教徒头裹黑巾，故又俗称黑教。本教相传约于公元前 5 世纪由古象雄王子辛饶·米沃且创建，是植根于雪域高原原始公社时期的一种"万物有灵"的原始宗教，有的亦称之为原始本教。它起源于原始初民对于天地、山川、日月、星辰等大自然的变化和存在有着不可思议的神秘感，对于天灾、瘟疫、风雨、雷电等现象不可理解，于是对自然万物产生了敬畏和崇拜心理，逐渐衍化成为宗教。它是藏族地区固有的一种宗教，是生根于西藏原始公社时期的宗教。当佛教还没有传播到吐蕃以前，本教就已经在古代藏族社会中传播开来。本教最初是在今天阿里地区的南部，古代称作象雄的地区发展起来的，后来沿着雅鲁藏布江自西向东广泛地传播到整个藏族地区。原始本教把世界分为三个部分，即天、地、地下。天上的神名字叫做"赞"，地上的神称为"年"，地下的神称为"鲁"（"龙"）。本教的标志符号为"雍仲"，形象一般为"卐"，旋转方向与佛教符号"卍"字相反。此外，原始本教还崇拜灶神、阳神、战神等。本教用动物作祭祀时的牺牲，举行仪式时要宰杀大量牲畜，甚至要杀人祭天地之神。原始本教没有寺庙，仅有简单的祭坛。本教的活动主要通过巫师来进行，巫师有天本波、地本波、大本波、神本波等不同称谓。本教巫师以鼓为法器。

关于本教的社会作用，《土观宗派源流》说，从聂赤赞普起，一直有26代赞普都是用本教徒来协助管理政务的。《西藏王臣史》说，吐蕃宫廷中有一个名叫"敦那敦"的职位，由一人充任，其职责是占卜吉凶。担任这一职务的人在赞普身边有崇高的地位，并可借机参与部分政治决策性的事务。此外，本教还利用宗教仪式等手法帮助统治者威胁、镇服属民。本教这种双重作用，一直延续到8世纪中叶本教在吐蕃社会地位彻底削弱以前。

佛教是在松赞干布在位时传入西藏的。7世纪上半叶，松赞干布先后与尼泊尔尺尊公主和唐朝文成公主联姻，大力提倡佛教，并遏制尊奉本教的各部贵族势力。佛教刚刚传入西藏，即受到土著本教的强烈抵制和反对，从而拉开了佛本之争的序幕。据记载，松赞干布修建大昭寺的时候，白天建造的地基，夜里即被本教徒破坏殆尽。这说明本教对外来的佛教是怀有极大的排斥心理的。

松赞干布死于650年。松赞干布死后，各部贵族乘机擅权，利用本教抑制王室权力。在各项祭祀活动和各部与吐蕃王室的盟会中，仍行本教仪式。这种传统势力使佛教的宗教仪式等，在吐蕃社会生活中无法得到发展。本教势力抬头，公开反对佛教。藏文史籍中说，松赞干布死后文成公主带去的释迦牟尼像埋在地下有两代之久，这是佛教徒为保护佛像而采取的措施。

到赤德祖赞时，继续执行松赞干布方针，大力发展佛教，修了不少寺庙。710年他与唐金城公主联姻，对汉地佛教在藏发展起了推动作用，佛教势力开始复苏。但739年后，吐蕃一些信奉本教的贵族大臣借天花流行为由，支持本教打击佛教，发起驱僧事件，把外来佛教僧侣驱逐出藏。对此，赤德祖赞也无能为力，但他在暗中仍然扶植佛教。

755年赤德祖赞死，新赞普赤松德赞年幼即位。吐蕃王朝中信奉本教的贵族大臣欲把佛教势力全部铲除，为削弱王室力量，保持割据局面，在吐蕃发动了第一次"禁佛"运动，发布了禁佛的命令，主要措施有：

　　在吐蕃王朝辖区内禁止信佛。

　　驱逐汉僧和尼泊尔僧人。

　　改大昭寺为屠宰场。

　　赤松德赞成年后，又开始大力扶植佛教。起初，他表面上执行佛本并存的政策，为佛教发展创造条件，减少本教对佛教的压力。但当佛教发展到有相当势力的时候，赤松德赞提出让佛本二教进行辩论，结果本教失败。于是赤松德赞给本教巫师们指出三条出路：一是改信佛教，当佛教僧人；二是放弃宗教职业，做王朝的纳税百姓；三是如果既不愿改教，又不愿当平民，就流放到边地去。据说赤松德赞指责本教徒们说："我怀疑你们是在试图把我的人民夺走。"这句话是有针对性的，是针对贵族势力而言的，因为本教的背后是贵族势力在支持它，也只有贵族势力才能和王室争夺权势和人民。

　　赤松德赞镇压本教后，本教徒中的一些人迫于形势改信佛教了，另外有许多人选择了流放的出路，到边远偏僻的地方去了。这就是以后本教在西藏的东部和北部得到延续和发展的直接原因。赤松德赞还宣布，凡是把佛教经典篡改为本教经典的人要处以死刑。本教的神坛有的被摧毁，有的被佛教接管了。在此压力下，本教徒不敢公开活动，他们到处埋藏他们的经典，这些经典也就是后期的所谓"伏藏"本经。

　　应该说明，赤松德赞并没有通过这次镇压把本教全部消除掉，他只不过是把本教从原来的绝对优势地位上降下来，本教实际上一直保存着力量。就是在吐蕃统治集团内部，代表本教的贵族势力也只是暂时地收敛了一下气焰，一旦时机到来，他们仍然会出来反对佛教的。

　　果然，吐蕃赞普赤热巴坚在信奉本教的贵族大臣发动的政变中被杀，其兄朗达玛被拥戴即赞普位。朗达玛一上台立即发动吐蕃历史上第二次禁佛运动，史称"达玛灭佛"。其措施有：

停建、封闭佛寺。原在赤热巴坚时开工修建的寺院都停了工。桑耶寺、大昭寺等著名寺院被封闭，小昭寺则变成了牛圈。

破坏寺庙设施。寺内壁画被涂掉，又在上面画上僧人饮酒作乐的画。许多佛像被钉上钉子扔到河里。

焚毁佛经。将大量佛经付之水火，仅有少数经典被僧人藏于岩洞保存下来，还有些随远逃的僧人保存下来。

镇压佛教僧人。许多僧人被迫弃佛归本，或者还俗。如果不愿放弃自己的信仰，就得去深山行猎，或被迫拿着本教的法器——鼓，去参加本教的宗教仪式。这次禁佛对佛教的打击是非常沉重的，以至于西藏宗教史籍上把朗达玛以后的近百年间称为"灭法期"。

842 年，朗达玛被一佛教僧人刺死。从此吐蕃王朝开始崩溃，藏族社会进入战乱和分裂割据时期。

在佛、本两教相互斗争的过程中，双方为求各自的生存，不得不吸收、仿效对方的一些内容或形式。本教中出现了仿效佛教的教主"丹巴馨饶"（本教说他是释迦牟尼的化身）和仿照佛经制作的本教经典。佛教也吸收了本教的许多形式，逐渐形成具有西藏地方特色的藏传佛教。10 世纪下半叶，佛本之争基本上随着藏传佛教的形成而结束。西藏和平解放以后，本教也参加了中国佛教协会西藏分会。

老子的神化过程

老子（约前 571—约前 471），字伯阳，谥号聃，又称李耳（古时"老"和"李"同音；"聃"和"耳"同义），是中国古代伟大的哲学家和思想家、道家学派创始人。他被唐皇武后封为太上老君，现为世界文化名人，世界百位历史名人之一。存世有《道德经》（又称《老子》）。

老子的思想主张是"无为"，《老子》以"道"解释宇宙万物的演变，"道"为客观自然规律，同时又具有"独立不改，周行而不殆"的永恒意义。《老子》书中包括大量朴素辩证法观点，如认为一切事物均具有正反两面，"反者道之动"，并能由对立而转化，"正复为奇，善复为妖"，"祸兮，福之所倚，福兮，祸之所伏"。又认为世间事物均为"有"与"无"之统一，"有无相生"，而"无"为基础，"天下万物生于有，有生于无"。"天之道，损有余而补不足。人之道，则不然，损不足以奉有余"；"民之饥，以其上食税之多"；"民之轻死，以其上求生之厚"；"民不畏死，奈何以死惧之"。其学说对中国哲学发展具有深刻影响，其内容主要见《老子》这本书。他的哲学思想和由他创立的道家学派，不但对中国古代思想文化的发展做出了重要贡献，而且对中国 2000 多年来思想文化的发展产生了深远的影响。

先秦时代，老子、庄子的思想被称为道家思想，老子成为道家的创始人，后来产生的道教推崇道家的思想，老子也就成了道教的祖师。老子在民间已经被神化了，关于他的神话传说有很多。《混元皇帝圣纪》中说："老子者，老君也，此即道之化身也，元气之祖宗，天地之根也。"于是，老子在道教中便被神化为众生信奉的神灵，即"太上老君"。

秦汉时，有黄老一派，崇尚"清静无为"，尊黄帝、老子。黄老之术的核心是老庄之道，黄帝只是托名。汉武帝即位后，宠信李少君、少翁等燕齐方士，大搞炼丹求仙运动。神仙家们开始大肆宣扬其神仙之说，认为黄帝、老子的地位与声望大大高于尧、舜、孔子。进入东汉，具有神仙方术思想的益州太守王阜作《老子圣母碑》，将老子与圣母并列，把老子放到创世神的尊位上；同时，老子的"道"也被直接人格化而等同于老子本人，即所谓"老子者，道也"。东汉也有楚王英喜黄老之说，但是还没有立祠祭祀。到了桓帝时，开始为老子立祠，并以郊天乐祀之，这大概是历史上第一次以老子为祖师来供奉。从此老子便成了与天神有相同地位的神。道教建立以后，东晋葛洪的《抱朴子·内篇》对老子进一步神化，说老子长大后身长九尺，黄色，鸟喙，秀眉长五寸，耳长七寸，额有三理上下彻，足有八封，以神龟为床，住金楼玉堂，以白银为阶，五色云为衣，重叠之冠，持锋铤之剑，等等。这听起来是一副神仙异相，即所谓的"老君真形"。

汉代有一种说法，说老子是楚相县人，曾为周朝"守藏室之官"（管理藏书的官员），孔子曾学礼于老子，后道成化身，蝉蜕度世。从此老子数易姓名，无世不出。传说他在伏羲时号郁华子，神农时号九灵老子，祝融时号广寿子，黄帝时号广成子，帝喾时号禄图子，尧时号务成子，舜时号尹寿子，夏禹时号真行子，殷汤时号锡则子，周文王时号燮邑子，武王时号育成子，周康王时号郭叔子，汉初为黄石公，汉文帝时号河上公，等等。后世有《老子八十一化图》，记述老子历代变化的形象。其实对于老子的这种神化，不过是道教借老子来追述其源流，神化其教派而已。信奉道教的葛洪对当时关于神化老子的种种传说不满，他评价道："若谓老子是得道者，则人必勉力竞慕。若谓是神灵异类，则非可学也。"

到了晋代，老子的诞生进一步被神化，《神仙传》说他是楚国苦县曲仁里（今河南省鹿邑县太清宫镇，一说今安徽省亳州市涡阳县闸北镇郑店村）人，他的母亲感大流星而怀孕，怀胎72年才把他生下来，当时剖母亲左腋而出。由于出生时他头发都白了，于是称他为老子。又据传，老子是彭祖的后裔，在商朝阳甲年，玄妙王之女理氏在河边洗衣服时见上游漂下一个黄李子，便用树枝将这个拳头大小的黄李子捞了上来并吃下它。从此，理氏怀身孕，81年后生下一个白眉白发，而且还有白色大胡子的男孩，理氏给他取名为"老子"。老子生下来就会说话，他指着院子中的一棵李子树，说："李就是我的姓。"于是老子姓李。

道教奉老子为帝君，老子也就被尊称为老君。《魏书·释老志》记道士寇谦之遇大神，自称太上老君。太上老君之名大概在南北朝时已成老子之称了。南朝陶弘景《真灵位业图》第四中位为太清太上老君，以其为太清道主，下临万民，成为道教中统治一方的尊神。到了唐代，又在道教太清、玉清、上清三境的说法上，安排了三位大神各主一方，形成了"三清"的说法，太上老君也就被称为道德天尊，与元始天尊、灵宝天尊组合在一起成为道教的最高神。

太上老君真的被封建统治阶级捧到颠峰地位，应该是始于唐朝。唐帝室姓李，太宗李世民自认为是老子李耳之后。乾封元年（666年），高宗至亳州老君庙祭拜，追封老子为太上玄元皇帝（《旧唐书·高宗纪下》）。高宗仪凤三年（678年），诏《道德经》为上经。天宝元年（742年），诏《史记·古今人表》玄元皇帝太上圣（《旧唐书·礼仪志四》）。在唐代，老子和道教的盛行达到最高峰。

关于民间传记中老子炼丹之说，虽无史载，但老子崇尚养生之道确实有文字记载。在《老子》第五十章里，老子作了较为详细的阐释："出生入死。生之徒，十有三；死之徒，十有三；人之生生，动之死地，亦十有三。夫何故？以其生生之厚。盖闻善摄生者，陆行不遇兕虎，入军不被甲兵。兕无所投其角，虎无所用其爪，兵无所容其刃。夫何故？以其无死地。"其实，老子是想把少私寡欲，清静质朴，纯真自然的思想传达给人们。

老子的神化过程，正是从学派的传人到教派的祖师的过程，也是道教形成、发展，然后逐渐趋于统一的过程。老子从人到神，从太上老君到太上玄元皇帝，老子地位的变化正是道教发展的缩影。

最早迷恋神仙的皇帝
——秦始皇

秦始皇是历史上第一位迷恋神仙的皇帝，关于他求仙的故事，见于《史记·秦始皇本纪》。

想必很多人都听说过徐福（亦作市）渡海为秦始皇寻找长生不老药的传说，根据考证，徐福并不是传说人物，1982年有人更考证他的故乡正是今天江苏省连云港郊外的徐阜村。

公元前219年，也就是秦始皇统一天下之后的第三年，秦始皇率领文武大臣及儒生博士70人，往东巡游，到山东泰山去举行封禅大典。封禅是古代统治者祭告天地的一种仪式。所谓"封"，是指筑土坛祭天。所谓"禅"，是指祭地，即在泰山下小山的平地上祭地。由于长期不举行这种活动，大臣们都不知道仪式该怎么进行，于是秦始皇把儒生召来询问。儒生们众说纷纭。秦始皇听了觉得难以实施，便斥退儒生，按照自己的想法开辟车道，到泰山顶上立了碑，举行封礼，之后又到附近的梁父山行了禅礼。

之后，齐国人徐福等上书，说东方海中有蓬莱、方丈、瀛洲三座神山，在那里有仙人居住，他愿意为皇上到那里寻来不死之药。于是徐福请求斋戒，与数千童男童女一起入海寻求长生不老之药。秦始皇听信了他的话，于是派遣徐福率领童男童女入海求仙人问不死药。从那以后的第四年，秦始皇向东巡游到碣石（今河北昌黎），又让燕人卢生、韩众、侯公等人入海寻找仙人和不死药。

等到卢生从海上归来，上奏说：臣等寻找仙人和不死药总是不成功，是因为有"恶鬼"阻挡作乱。现在皇上您不要暴露自己的行踪居处，这样来躲避恶鬼，如果躲避了恶鬼，那么仙人自然就寻到了，希望皇上您所到的地方及居住的宫室不要让别人知道，这样不死之药就可以得到了。秦始皇听信了卢生的话，下令京师咸阳二百里以内的二百七十座行宫，都要用甬道互相连接，并用帷幄围起来，里边置办钟鼓和美人，皇帝每日巡幸，随从的人不得泄露他的行踪居处，谁泄露谁就会被处死。一天，秦始皇到梁山宫，望见山下丞相李斯出行，车马随从特别多，秦始皇为此很不高兴。随从中有人将这些情况告知李斯，后来李斯外出的时候就故意减少了车骑随从。始皇就知道一定有人泄露他的话了，大怒，于是立即下诏抓捕当天在他身边的所有随从，但是因为查不出是谁泄露的，便把随从们通通都杀掉了。从此以后，下臣们谁也不知道皇上每天去哪在哪了。

方士卢生已经骗得了秦始皇的宠信，但是他心里仍然惴惴不安。因为他很明白，按照秦朝法律，如果方士两次进献方术不灵验，便罪当杀头。当时，秦始皇越来越专横骄奢，他下令建筑长城，大造行宫，修建陵墓，焚烧诗书。卢生与侯公私下计议：始皇这个人天性刚戾自用，专断政事，一点也不纳用博士、大臣的言论，却亲近信任狱吏，喜欢用刑杀来表示自己的威力，使所有的人都害怕做官，不敢为他尽忠。"贪于权势至此，未可为求仙药"，后来卢生便偷偷逃走了。秦始皇听说后勃然大怒，痛恨方士白费钱财，却寻不到仙药，竟然还敢诽谤自己。他抓捕不到卢生，就迁怒于当时在京的儒生，认为他们也犯有"妖言以乱黔首"的罪过，于是下令让御史拷问在京的儒生。儒生们互相告发，最后牵连出460人犯禁，于是在公元前212年秦始皇下令将他们全部坑杀于咸阳。这便是历史上著名的"坑儒"事件。

秦始皇迷信神仙，被方士欺骗，却仍然不肯醒悟。公元前210年，始皇最后一次出巡，先是去了江南，然后渡海往北去琅邪。这个时候徐福入海求仙人寻仙药已经很多年，钱财、人力和物资都耗费巨大却还是没有得到仙药，因此他害怕受到皇帝的谴责和惩罚，于是欺骗始皇说："蓬莱仙药可以求来，但是常常因为海上有大鲛鱼作乱才得不到仙药。希望皇上能派遣技术好的射手跟我一同前去，见到大鲛鱼就用连弩（发射连珠箭的大弓）射杀。"恰好始皇梦见与海神作战，醒来后让人占卜此梦，听占卜之人说：水神是见不到的，恐怕是大鱼、蛟龙在作怪，应当除掉这些恶神，那么善神自然就会到了。于是始皇下令入海的人要携带捕大鱼的工具，准备好连弩，等候着大鱼出来，然后射杀它。他们一行人从琅邪北上，路过芝罘（今属烟台），见到大鱼并射杀了一头，但是最终也没有找到所谓的仙人、仙药。徐福一去不复返，在东方"平原广泽之地"自立为王，再也不回来复命了。始皇从海上归来，心情郁闷，病死在了归途中的河北沙丘。

关于传说中的不死药，日本"徐市会"理事重村定夫先生在一篇文章中说，这种神奇的不死药，不但存在，而且就出产在他的故乡祝岛，更令人惊讶的是，今天它依然留下了孑遗。

祝岛，地处濑户内海，在九州、本州、四国三岛环绕之间，人烟稀少。自古以来就流传，在它的深谷腹地有一种神奇的植物果实，俗名"窠窠"，日本古书中名为"千岁"，大小如核桃，汁浓，味甘，据说食用可保千年不死，闻一闻也可以增寿三年三个月。当年徐市为秦始皇寻找的不死药，很可能就是出产在祝岛的神奇之果——"千岁"。这种"千岁"的确是一种稀有的植物，藤状灌木，以根和果实入药，具调中理气、生津润燥、解热除烦、活血消肿之功效。其果肉绿色，果皮软而带毛，今天已经存在人工栽培的品种，果实大小也增大了几倍，常吃可以强身健体，延年益寿……它还有个中国名字，叫做——野生猕猴桃。

秦始皇一世英明，声威显赫，却为了寻仙药求长生，被方士欺骗，到死也不醒悟，让今人啼笑皆非。

张陵创立五斗米道

　　五斗米道是东汉时张陵在西南巴蜀汉中（今四川及陕西南部）地区创立的一个民间道教组织。张陵传其子张衡，张衡传其子张鲁，号称"三张"。张陵自称天师，其子张衡称嗣天师，衡子张鲁称系天师，故三张祖孙创立的这个教团，后世又称之为天师道。

　　张陵是沛国丰（今江苏丰县）人，为表示尊重起见，道教徒在张陵姓后加"道"字，称张道陵，南方正一派世代奉其为教主。据道教的史料记载，张陵，字辅汉，早年为太学书生，博通儒经。后来因为觉得儒家经学对人的生命没有什么益处，于是改学长生之道。他听说蜀人淳厚，易于教化，而且蜀中有很多名山，于是在汉顺帝时与弟子来到蜀地，在鹤鸣山学道，著道书24篇。另有传说顺帝汉安元年（142年），天神太上大道君降临蜀郡临邛县赤石城（今四川大邑县境内），授张陵"天师"称号及"新出正一盟威之道"。张陵接受并习得"新出正一盟威之道"后，能为人治病，于是百姓都奉他为师。后来弟子多至数万户，于是张陵设立"祭酒"统领民户，就像官长一样，还规定所有弟子必须轮流交纳米绢、器物、纸笔、薪柴等物。张陵当初的活动范围是在成都及其周围一带。张陵的著作如今已难细考。《魏书·释老志》说："张陵受道于鹤鸣，因传《天官章本》千有二百，弟子相授，其事大行"，内容乃斋祠跪拜之法。陶弘景

《登真隐诀》提到的上章仪书《千二百官仪》，应当就是《天官章本》，据学者考证，它保存在今道藏《正一法文经章官品》之中。

张陵去世后，他的儿子张衡继承父业，道门衰落，传说是因为张衡无所作为。但是张衡的妻子却通习道术而有所作为，为张鲁的兴起提供了宝贵的支持。

张衡死后，他的儿子张鲁又传其业。汉献帝初平二年（191年），益州牧刘焉趁着天下大乱，企图割据西南。张鲁的母亲会些法术，人到中年还保持着青春美貌，深得刘焉宠信，所以能经常出入益州牧府。于是刘焉任张鲁为督义司马，任张修为别部司马。

张修是巴汉一带五斗米道的早期领袖，他的活动年代晚于张陵，据说与张角同时代。他的宗教活动大致与太平道相同，都强调叩头思过、符水治病，但又有若干独特的地方。该道高度重视理论，首次把《老子》五千文作为教徒必修的经典，这具有划时代的意义，说明道教活动终于与道家理论正式结合，标志着道教开始脱出一般世俗信仰的层次，向着独立的大教迈进。张修还为五斗米道建立了"祭酒"的职位。在宗教仪式方面，张修的五斗米道比太平道更复杂一些，如祈祷之法，病家要作"三官手书"，写三份悔过书，分别祷于天、地、水三官，说明当时已经有三官崇拜。《典略》说："使病家出米五斗以为常，故号五斗米师。"五斗米道之名便由此而生。

张修后来被张鲁杀掉，张鲁取代了张修，把张修的五斗米道教权也接了过来。据史料记载，刘焉派张修和张鲁率兵攻打汉中太守苏固，断绝从长安进入蜀地的道路，杀害汉朝使者。张鲁又把张修杀掉，占据了汉中。后来刘焉病死，张鲁不肯再顺从羸弱的刘璋（刘焉之子）统治。刘璋因此怒杀张鲁的母亲和他的弟弟，并派庞羲为巴郡太守，进攻张鲁，但是好几次进攻都被张鲁打败。张鲁进而又袭取了巴郡，从此雄踞巴、汉，依靠着五斗米道的力量，建立了政、教、军合一的割据政权。当时由曹操控制的汉朝中央政府，正忙于中原地区的混战，无暇西顾征讨张鲁，于是就拜张鲁为镇夷中郎将，领汉宁太守。

在巴汉地区，张鲁除了继续进行早期五斗米道传统的宗教活动外，又特别新设了义舍，给流离失所的人提供米肉，吸引他们安居在他治下。他又自号"师君"，将政教大权集于一身，其下以祭酒代官长，掌司法权，用行政力量维护宗教教法，又用宗教教法维护行政统治。他还用宗教神道推行道德教化，去鄙俗，淳风气，教人诚信不欺，犯法者可以赦免三次，获得改正的机会，然后才加以刑罚。有小过的人，可以罚他修100步路程的道路来抵罪。据说当地居民都乐于服从张鲁五斗米道政权的统治。由此一来，在战乱不息的汉末时代，巴、汉一带却形成相对稳定的社会局面，生产得以正常进行，人民得以正常生活，"民夷信向之"。不过，从张鲁掌教起，五斗米道便不再以武力反叛朝廷，只是称霸一方，不听中央号令。

张鲁政权在汉末军阀混战的间隙中维持了近30年，常与西川刘璋互相攻战。到了215年，曹操率大军征讨汉中，杀了张鲁的弟弟张卫，攻陷阳平关。张鲁封存仓库宝货，逃往巴郡，不久便率家属投降了。曹操和平征服五斗米道后，把张鲁带回内地，拜他为镇南将军，封阆中侯，但其也是空有将军头衔而无实权。第二年，张鲁在邺城去世，张鲁的儿子张富继承父亲爵位。后来张鲁后裔一直受到曹魏政权的优待。张鲁的女儿嫁给曹操的儿子曹宇，张鲁的几个儿子都受封为侯。张鲁部下阎圃、李休、李伏等也都被封侯。名将庞统随张鲁降魏后，颇得曹操器重，后因与蜀将关羽作战失败而被斩。

张鲁降曹后，五斗米道几乎陷于群龙无首、组织涣散的状态，道教发展受到挫折，但是并未终结，而是适应新形势继续传播发展。汉中地区不久被刘备占领，当地民众多数跟随曹军北撤，迁居关陇、洛阳、邺城等地。这样，五斗米道便从西南转移到北方，成为魏晋时期道教的主要流派。

茅山的传说

　　茅山在今天的江苏省南部，古代称为句曲山，西边紧接金陵胜地，东边是太湖，山的形状态势曲折，其中的洞墟都是天然形成的，自古就号称为"养生之福境，成神之灵墟也"。茅山的传说在史籍中有所记载，在西汉时，有出生于咸阳的兄弟三人茅盈、茅固、茅衷，渡江来到这座山里潜心修道，最终成仙，都乘坐着白鹤飞去，于是当地的百姓建筑庙堂对他们进行供奉，并将这座山的名字改为茅山。汉末时代，左慈来到江东，也曾进入茅山寻找神仙，据说遇到了三茅真君，三茅真君将神芝赐给左慈，从此茅山就成为江东道教的名山圣地。

　　东晋时，茅山附近的丹阳、晋陵等郡县，居住着一些著名的地方士族，如丹阳句容县的葛氏（葛洪家族）、许氏（许迈家族）和秣陵县陶氏（陶弘景家族）、晋陵郡华氏（华侨家族）等。这些家族彼此世代通婚，并且都信奉道教。其中许迈这一家族的道法术，主要传自天师道女祭酒魏夫人。

　　魏夫人名华存，山东任城人，是西晋司徒魏舒的女儿。魏夫人少时一心向往仙道，常常服用药物行气。等到长大后，嫁给了南阳刘幼彦，并生下两个儿子。但是等到两个儿子长大一些的时候，就与丈夫分居了，饭也不在一块儿吃。据说有一天晚上，神仙王褒及各个真人忽然降临到室内，并把《上清真经》传授给她。魏夫人从此便一心修习道术。西晋末年，魏夫人为了躲避中原战乱渡江南下，在东晋咸和九年（334年）去世，人们传说她是修道成仙上天了，并被授以"紫虚元君上真司命南岳夫人"的职位，主管训导下界奉道应仙的人们。

魏夫人的弟子叫杨羲，杨羲本来是吴郡人，后来到句容。他和许迈的弟弟许谧、许谧的儿子许翙交好，受到许氏的推荐而担任琅邪王司徒公府舍人。于是杨羲、许谧和许翙三人一起合作创作道教经典。东晋兴宁二年（364年），杨羲谎称魏夫人及众神降临，他们把《上清真经》教授给杨羲，于是杨羲用隶书写出其中的内容，再传授给许谧、许翙父子，然后二许又另行抄写。二许抄经的地点，就在茅山上的许氏别墅。到了东晋末年，杨羲、二许都已经去世。许翙的儿子许黄民为了躲避战乱携带这本真经到了浙江省剡县，从此《上清真经》开始在社会上广泛传播，江东许多道士都曾参与传抄经典，传抄过程中又多有伪造增益，使《上清真经》增加到100多卷。这些经典后经南朝道士陶弘景搜集整理，现在大多还保存在《道藏》中。

《上清真经》是继葛洪《抱朴子·内篇》之后道教神仙方术的又一次汇辑，在该经中，诸如金丹服食、导引行气、佩符投简、遁甲隐景、踏罡步斗、高奔日月、餐吸云霞、歌颂礼赞、召神伏魔、禁制虎豹水怪等道术应有尽有，而尤其重视的是思神守一、诵经念咒之术。在上清道士看来，天地之间，人体之内，到处都有神灵居住的宫室殿阁、琼楼玉宇。修道者如果能知晓诸神的名号、形象、服色、居处、职司等，并在心中思神存真，就能感应外神降临，入镇体内，甚至可以招引仙官前来接引，成仙证真。《上清真经》的问世与传播，在道教中形成了一个新的派别，即上清派。该派信奉元始天王（后改称元始天尊）、太上大道君等神灵，以魏夫人或杨羲为开派祖师，主要传习《上清大洞真经》、《黄庭经》等经典。在修行方术上特别重视诵经、思神、服气、咽液等，也兼习金丹、符箓等方术，但反对天师道的房中术，也不重视群众性的斋醮祀神活动，而强调个人修道成仙。

上清派虽由杨、许首创，但这一教派的光大者，却是南朝齐梁著名道士陶弘景（456—536）。陶弘景，字通明，丹阳秣陵（今江苏南京）人，齐梁时著名的道教理论家、活动家和医学家。他出身江南士族，10 岁读葛洪《神仙传》，引发长生之志。早年博通儒家经典，以才学闻名于世。青年时代曾入仕途，历任诸王侍读之类闲曹，未见重用，因为宦途不得志，在永明十年（492 年）辞官隐退。齐武帝永明二年（484），从陆修静弟子孙游岳学习符图经法。游茅山时得杨羲、许谧、许翙手迹，成为上清派重要传人。从此在茅山建华阳馆，自号华阳隐居，不复出山，后半生 40 余年皆修行于此，把茅山建成上清派的修习中心。陶弘景归隐后仍然关心政治，齐梁之际萧衍发兵起事，他遣弟子献表拥戴。萧衍"革命"成功，朝中议论国号未定，陶弘景援引图谶及齐末童谣，把"梁"字作为应运之符，于是定为国号。由于他学识渊博，著述很多，齐梁两朝的公卿士大夫都很尊敬他，纷纷跟从他学道。梁武帝对陶弘景更是深信不疑，曾多次厚礼聘请他，都被他婉言拒绝。国家每有大事，梁武帝仍然派人前去咨询，世人称之为"山中宰相"。陶弘景晚年炼丹数度未成，转而向佛教寻求解脱。他"敬重佛法"，"恒读佛经"，"在茅山立佛道二堂"，"并于鄮县阿育王塔受戒"。死前交代世人，他死后要穿道士的冠巾法服，用大袈裟覆衾蒙首足，明器有车马，葬礼上道人在左、道士居右，由此可见陶弘景思想上兼融儒、释的特色。梁大同二年（536年）陶弘景在茅山去世，诏赠中散大夫，谥号贞白先生。

陶弘景除了广泛搜集整理《上清真经》，编写有关《上清真经》出世的经过，还创作了讲述上清派各种修炼养生方术秘诀的重要著作《真诰》、《登真隐诀》、《养性延命录》等等。他还撰写《真灵位业图》一书，将道教信奉的各个神仙排定座次，编成图谱，使道教的信仰体系更完善。他还在茅山大修道馆，招收弟子，最终使茅山成为上清派的中心。陶弘景之后，茅山历代宗师中许多人都是有学问有名望的道士，茅山派广泛传播于江南及北方各地，但始终以茅山为中心，因此上清派又称茅山宗。

茅山上清派是道教重要派别，特别是在隋唐和北宋时期，茅山宗师王远知、潘师正、司马承祯、李含光、刘混康等人受封建统治者尊崇，召请问道，赏赐封号和大量钱物，修建宫观。

当地百姓每年春天要上茅山进香，这种风俗一直延续至今。宋元时期，茅山与龙虎山、阁皂山合称江南道教"三山符箓"。茅山宫观，最盛时多达257处，屋宇5000多间。但是因为抗日战争，很多宫观被日军焚毁，现仅存少数遗迹。

狂热迷信道教的帝王
——唐玄宗

  唐玄宗李隆基在位的开元、天宝年间（713—755），是李唐王朝最繁荣兴盛的时代。在中国历史上，唐玄宗是继秦皇汉武之后又一位狂热迷信神仙道教的封建帝王。他最崇道教，道教因之发展到最盛时期。唐玄宗对道教的迷信，表现在他继续唐朝开国以来诸帝传统，狂热地尊崇道教祖师，也就是李唐皇室认同的先祖——太上老君。

  唐玄宗的崇道活动首先是大立庙观和追加老君尊号。唐高宗乾封元年（666年），已加封老君为"太上玄元皇帝"，在亳州老子故居创立祠堂，其庙置令、丞各一员。唐玄宗即位后，又于开元十年（722年）诏令两京及诸州各置玄元皇帝庙一座，每年设醮斋祀。开元十九年（731年）又在五岳各置老君庙。到了开元二十九年（741年），玄宗对老君的尊崇陡然升级。这年正月，玄宗托称自己夜来假寐，忽然梦见玄元皇帝真容，玄元皇帝告诉他说："在京城西南百多里的地方有我的像，你要派遣人去取来，我跟你在兴庆宫相见。"梦醒后，玄宗让道门威仪萧元裕等寻访。据说在周至县楼观附近的终南山中果然掘得老君玉像，与玄宗所梦见的没有什么差别，玉像被迎置于兴庆宫内殿。这件事轰动京城，文武百官纷纷上表庆贺，称赞老君降灵托梦，"镇我皇家，启无疆之休，论大庆之应"，实在是大吉大福，值得万民同庆。于是玄宗在当年五月下诏画玄元真容，分送诸州开元观安置。自此之后，各处奏言老君显灵及各种祥瑞就成了一种风气。第二年（742 年）正月，京师陈王府参军田同秀奏称见玄元皇帝在丹凤门外降临，说告诉玄宗"天下太平，圣寿无疆"，并告知在桃林县故关令尹喜宅旁有"灵宝符"。玄宗派使者取来"灵宝符"，在大宁坊建筑玄元皇帝新庙，并亲自前往祭祀。群臣上表请求改年号为"天宝"，来应祥瑞之象。玄宗改桃林县名字为灵宝县，撤掉田同秀朝散大夫的职位，西京玄元庙改名太上玄元皇宫，东京之庙改称太微宫，各州改称紫极宫，各度道士 21 人，并赐庄园及奴婢。天宝二年（743 年），追尊玄元皇帝号为"大圣祖玄元皇帝"，老子之父号曰"先天太上皇"，母益寿氏号曰"先天太后"。三月，玄宗敕两京及天下诸郡于开元观以金铜铸造玄元等身像一尊，下令派工人从太白山采玉石并琢成玄元像，高约二丈，放置在太清宫，又用白石作玄宗圣容，侍立于玄元像的右侧。天宝八年（749 年），玄宗亲谒太清宫，册封圣祖玄元皇帝新尊一号曰"圣祖大道玄元皇帝"；高祖、太宗、高宗、中宗、睿宗五帝皆追加"大圣皇帝"之字，太穆、文德、则天、和思、昭成皇后皆加"顺圣皇后"之字，规定自今以后每到禘祫（皇家宗庙祭典），在太清宫圣祖前设位序昭穆。同年又下诏于太清宫、太微宫圣祖像前立文宣王（孔子）遗像，与四真人（庄子、列子、文子、庚桑子）列侍左右。天宝十二年（753 年），玄宗再次朝献于太清宫，上玄元皇帝尊号为"大圣祖高上大道金阙玄元天皇大帝"。玄宗对于老子的尊崇，达到了无以复加的程度。

唐玄宗不仅尊崇老子，而且对其他道教祖师、神仙也倍加殊荣，优待道徒。如天宝七年（748 年）玄宗下诏褒奖张天师、杨羲、许谧、许翙、陶弘景，册封张天师为太师、陶弘景为太保，令有司审定其子孙在世者，将有封植以嗣真。又令天下道教宫观名山各置天坛祠宇，每处度道士 5 人，并取近山 30 户，蠲免租税差役，永供洒扫。诸郡有自古得道升仙者之处，也每处度道士二人或三人，永修香火。对茅山紫阳观、太平观、崇玄观，更蠲免百姓 200 户或 100 户租税差役，长充修葺洒扫。唐玄宗还特别礼遇在世道教宗师，多次召见高级道士，请问道法，拜官赐物，修建宫观。其中他对上清派宗师司马承祯、李含光、吴筠等人尤为厚遇。天宝七年（748 年）三月，玄宗亲自于大同殿受上清派经箓，先派中使去茅山告诉李含光受经日期，遥礼为师，赐号玄静先生，并赐法衣一袭，以伸师资之礼。由于玄宗的尊礼，道士在社会上的地位大为提高。

唐玄宗还加封真人真经。天宝元年（742 年），玄宗追号庄子为南华真人，文子为通玄真人，列子为冲虚真人，庚桑子为洞虚真人，其四子所著之书分别改称《南华真经》、《通玄真经》、《冲虚真经》、《洞虚真经》。次年玄宗改崇玄学为崇玄馆，内置学士、直学士、大学士等教官，大学士由宰相担任，总领两京及诸州道观，学生有 100人。以道教经典作为科举考试的特设科目，并且设置专门讲习道经的学校，这是唐朝的创举。

此外，唐玄宗还使人编纂道经，并尊崇《道德经》。他刚即位时便命令太清宫主史崇玄及昭文馆、崇文馆诸学士修撰《一切道经音义》150 卷。开元年间又发使者搜求道教经书，纂修成《道藏》，共收道书 3744 卷。这是历史上道教经典第一次被编集成藏。玄宗特别重视道书中的《老子道德经》及《庄子》、《列子》、《文子》、《庚桑子》等书。开元年间，玄宗亲自为《道德经》作注，把它列为诸经之首，颁布天下，让人们学习，并下令天下士庶都必须加藏《老子》一本，用老子之道修身治国。两京及各州道观都将玄宗所注《老子》刻成碑文。

由此可见，玄宗崇道，不只是出于政治需要的考虑，他本人也深受道家道教的影响，内心已树立了虔诚的信仰。开元年间，他派人搜访道经，纂成《三洞琼纲》，总计 3744 卷（一说 5700 卷），名为《开元道藏》，为道教史上第一部道书总集。

唐玄宗也重视道教音乐，开元年间曾命司马承祯制《玄真道曲》，李会元制《大罗天曲》，贺知章作《紫清上圣道曲》。他还亲自制作了《霓裳羽衣曲》、《紫微八卦舞曲》、《降真招仙之曲》、《紫微送仙之曲》等道教舞曲，于太清宫演奏。

此外，唐玄宗对道教的炼丹方术、斋醮仪式等也非常迷恋。

受当时崇道思想影响，许多公主嫔妃也纷纷入道为女冠，接受道教封号，如睿宗二女出家为女冠，封号为金仙、玉真。玄宗宠妃杨玉环也曾被度为太真宫女道士，号"杨太真"。

另外，还有不少王公大臣纷纷舍宅为道观，对玄宗的崇道闹剧"表贺无虚日"。道士升官晋爵者不乏其人，以至于时人有"终南捷径"的讥诮，意为想要做官最好先入终南山做道士。

唐玄宗的早年励精图治，还有所作为。但是开元末年至天宝年间，他渐渐疏于政事，纵情声色，亲信奸佞，国事渐渐衰微，这也正是他狂热迷信道教的高潮时刻。玄宗崇奉道教的原意是借助"大圣祖"的神威保佑其"天下太平，圣寿无疆"，然而事与愿违，755年，正当唐朝君臣忙于为"圣祖显灵"庆贺之时，安史之乱爆发，唐朝的"开元盛世"从此结束。玄宗在仓皇西逃途中仍然迷信道教，让四川道士设醮祈祷，祈求玄元皇帝保佑他早日平息叛乱，回返长安，又让道士杨通幽为他"觅杨妃魂魄"。道教在安史之乱中受到沉重打击，经典被焚，宫观名山很多被侵占，虽然玄宗以后的唐朝几代皇帝仍然继续扶持道教，但是中晚唐时代的道教却再也无法回到开元、天宝年间的盛况了。

宋徽宗与道教

　　经过五代十国的动乱和分裂，北宋王朝建立后，又归于统一。北宋的封建统治者继承唐代儒、道、佛兼容和对道教的崇奉扶持政策。这一政策的奠基者，是开国君主太祖和太宗两兄弟。本来由于五代之乱，造成"道教微弱，星弁霓襟，逃难解散，经籍亡逸，宫宇摧毁"的衰败局面，但在宋初太祖和太宗的大力扶持下，道教得以逐渐恢复，并且奠定了道教进一步发展的基础，而真宗和徽宗时期是这种崇道政策的前后两个高潮。

　　在徽宗之前，先来看看真宗"天书下降"的故事。真宗时，赵宋王朝的统治已日益巩固，社会经济也比较繁荣。"澶渊之盟"以后，外部威胁暂告缓和，使得他有更多的精力和物力来扶持道教。他欲仿效唐代宗祖老子的做法，但因自己姓赵，不便奉老子为圣祖，于是从道教中另立一位赵姓者作为圣祖，于是有了天神降临并赐语以维护赵宋王朝统治的神话故事。据《续资治通鉴》卷二十七载，大中祥符元年（1008 年）正月，真宗在崇政殿告诉宰臣王旦、知枢密院事王钦若等人说：去年十一月二十七日夜将半，他忽然看见神人来告诉他说："来月三日，当降天书《大中祥符》三篇，勿泄天机。"此后，果然在左承天门屋的南角，发现黄帛，此帛约长二丈，缄一物如书卷，缠以青缕三周，封处隐隐有字，大概就是神人所谓的天书。上有文曰："赵受命，兴于宋，付于恒，居其器，守于正。世七百，九九定。"从此真宗就开始了种种崇道活动。在此期间，老子的太上玄元皇帝封号在大中祥符六年（1014年）八月最终改封号为"太上老君混元上德皇帝"，次年九月，尊上玉皇大帝圣号曰改"太上开天执符御历含真体道玉皇大天帝"，就此将道教与赵宋王室紧密地连在一起。由于"天书下降"，真宗更热衷于兴建宫观，又铸造玉皇、圣祖等"圣像"，制定许多节日，还亲自制定了有关朝拜圣祖、玉清昭应宫、景灵宫等敬神乐章，造作道书，召见道流，以及重视对道书的收集和整理。

宋徽宗赵佶，是北宋继真宗之后又一位以崇奉道教著名的皇帝。他在位的二十余年间（1100—1125），北宋王朝的统治已陷入内外交困的局面。但是以徽宗和蔡京为首的统治集团却变本加厉地排斥忠良，任用亲信，大建园林楼阁，纵情声乐，并且狂热地崇奉道教，企图利用宗教迷信活动神化其统治，挽救行将灭亡的北宋王朝。

徽宗和真宗一样，也托称"天神下降"而兴道。据《续资治通鉴》卷九十一记载：徽宗还在藩邸时，即自称曾梦见老君面谕："汝以宿命，当兴吾教。"政和三年（1113年）十一月，徽宗与蔡攸（蔡京之子）同去南郊祭天，走到南薰门的时候，忽然问道："玉津园东若有楼台数重，是何处也？"蔡攸随即上奏："见云间楼殿台阁数重，既而审视，皆去地数十丈。"徽宗又问："见人物否？"蔡攸又奏称："有道流童子持幡节盖，相继出云间，衣服眉目历历可识。"于是徽宗亲自撰写《天真降临示现记》，记录此次天神降临始末，颁示天下，并在京师建迎真馆恭候天神来临。

政和六年（1116年），左道录徐知常推荐道士林灵素来见徽宗。林灵素原名灵噩，字通叟，温州人。这个人擅长幻术，为人机敏而好说大话，在徽宗面前自吹能"上知天上，中识人间，下知地府等事"。林利用徽宗急于神化自己的心理，对他说："天有九霄，而神霄为最高，其治曰府。神霄玉清王者，上帝之长子，主南方，号长生大帝君，陛下是也。既下降于世，其弟号青华帝君者，主东方，摄领之。己乃府仙卿曰褚慧，亦下降佐帝君之治。"这番话使得徽宗心中大喜，立即赐林改名灵素，号通真达灵先生，赏赐无数，还特地在皇宫附近建上清宝箓宫让他居住。

政和七年（1117 年）二月，林灵素迎合旨意，称青华帝君夜降宣和殿及火龙神夜降内宫，"假帝诰、天书、云箓"。于是徽宗下令让 2000 多个道士在上清宝箓宫集合，听林灵素宣布此事。四月，徽宗又示意道录院："朕乃昊天上帝之元子，为太霄帝君。虑中华被金狄之教（指佛教），焚指炼臂，舍身求正觉，朕甚悯焉，遂哀恳上帝，愿为人主，令天下归于正道。帝允所请，令弟青华帝君权朕太霄之府。朕夙昔惊惧，尚虑我教所订未周，卿等可表章，册朕为教主道君皇帝。"于是大臣们及道录院秉承旨意，上表章于天，请求以上帝名义册封徽宗为"教主道君皇帝"，成为集天神、教主、人君于一身的帝王。徽宗又让林灵素在上清宝箓宫开讲道经。听讲的有数千人，都对林礼拜致敬。徽宗在旁边设幄听讲。徽宗对林倍加宠信，重和元年（1118 年）五月，加号为"通真达灵元妙先生"，不久又赐号金门羽客、冲和殿侍宸，可以随意出入宫禁，地位与大臣相似。但后来由于林过于恃宠跋扈，竟然与太子争道，太子入诉，于是在宣和元年（1119 年）十一月被贬斥，后回到故里病死。

另外，为了发展道教，徽宗不顾国家财力的匮乏，大兴宫观。崇宁元年（1102 年）七月，徽宗在京师建筑长生宫。大观元年（1107年）九月，在赵匡胤举兵反周的陈桥建立显烈观。政和三年（1113年）四月，在他出生地福宁殿东建玉清和阳宫，后因他自称为神霄玉清王下凡，在政和七年（1117 年）五月又改名玉清神霄宫。政和五年（1115 年）四月，在京师建立葆真观。六年（1116 年）四月除了建上清宝箓宫外，还在城上修筑与皇宫相通的复道，以便他经常前往做斋醮和授箓等事。徽宗又铸造神霄九鼎，放置在上清宝箓宫的神霄殿。九月，又下令天下洞天福地普遍修建宫观，塑造圣像。七年（1117 年），又下令将全国天宁万寿观改建为神霄玉清万寿宫，仍然在殿上设立长生大帝君、青华帝君的神像。凡改建"不虔"或执行不力者，均先后受到惩处。宣和元年（1119）八月，京师神霄宫建成，徽宗亲自撰文并书写《神霄玉清万寿宫记》，刻碑立石。在崇宁、大观年间，还在茅山建造元符万宁宫，龙虎山迁建上清观，增建靖通庵、灵宝观等。继唐代之后，宫观又盛极一时。

徽宗还多次下诏令在天下郡县搜访知道法、有道术的道士。除林灵素外，当时如刘混康、魏汉津、徐神翁、王仔昔、王老志、张虚白、王文卿、张继先、王允诚等均受到徽宗的亲切召问与封赐。

除此之外，徽宗还提倡学习道经，并设立道学制度和道学博士。政和七年（1117 年）八月，徽宗根据宣和殿大学士蔡攸建议，将《庚桑子》、《文子》列入国子学，与《庄子》、《列子》并行。重和元年（1118 年）由于知兖州王纯奏请，让学者修学《御注道德经》，在其中找内容出题。同时又下诏规定："自今学道之士，许入州县学教养，所习经以《黄帝内经》、《道德经》为大经，《庄子》、《列子》为小经，外兼通儒经，俾合为一道，大经《周易》，小经《孟子》。"凡初入学者称为道徒，以后每年进行考试，根据其考试的成绩分别授以元士、高士、上士、良士、方士、居士、隐士、逸士、志士等名号，按五品到九品拨放。又依儒学贡士法，学道之士可通过考试升为贡士，到京入辟雍（北宋末年太学之预备学校，或称"外学"）学习，然后每三年参加"大比"，殿试合格者即为有道之士，可授以道官道职。为了普及道经的学习，徽宗又令道录院选择道经数十部，镂版颁之州郡。同年九月，又下诏规定：太学、辟雍各置《内经》、《道德经》、《庄子》、《列子》博士二员。后又规定"诸州添置道学博士，择本州官兼充"。通过以上措施，促使道、儒合一。到宣和二年（1120 年）正月，遂下令"罢道学，以儒、道合而为一，不必别置道学也"。

此外，徽宗还在崇宁年间（1102—1106）下诏令天下搜访道教遗书，令道士校定，到崇、观年间，大藏已增至 5387 卷。政和三年（1113 年）十二月，又下诏天下访求道教仙经，编修《万寿道藏》，总 5481 卷，镂版完毕，就进版于东京。将全藏刊版刷印，这在中国历史上还是第一次。

宣和年间徽宗又命道录院负责编写了有关道教历史、人物及制度的《道史》。其体制仿照《史记》、《汉书》分为纪、志、传三部分。据《混元圣纪》卷九记载："道纪断自天地始分，以三清为首，三皇而下，帝王之得道者，以世次先后列于纪。以天地、官府、品秩、舆服、符箓、仪范、禁律、修炼、丹石、灵文、宝书等为十二志。男真自风后、力牧而下，女真自九灵元君而下，及臣庶之得道者，各以世次先后为传。"又谓《道史》起自龙汉（道教年号），止于五代，宋代部分则称为《道典》。这当是中国官修的第一部全面叙述道教历史的巨著，今已失传。另外，林灵素等人还以神霄仙经名义，造作道经、道法达千余卷。徽宗还亲自为《道德经》作注。由于听从林灵素等道士建议，宋徽宗对佛教采取排斥贬抑态度。宣和元年（1119年），他下令佛陀改名为大觉金仙，其余佛教神改称仙人、大士、借人，尼姑改称德士、女德，僧录司改称德士司，佛教寺院改称宫观。又令德士入道学，依道士法，使佛教被贬为道教的从属。但此法没有施行太久就因为林灵素失宠而废止了。

宋徽宗迷信道教，原想借助宗教神化自己的统治，威吓臣民和敌国。但如同唐玄宗崇道而招来安史之乱一样，徽宗溺信虚无、困竭民力，也只能加速北宋的灭亡。正当宋朝君臣崇奉道教达到高潮时，北方金人已兵临城下了。在国家危在旦夕的时候，徽宗犹自相信道教法术能抵御金兵，挽救"王师溃败"。宣和七年（1125年）秋，金兵已渡过黄河，徽宗还在派遣使者押解道士刘知常所炼"神霄宝轮"去各地宫观，宣称可以镇四方兵灾。金兵围困汴京后，兵部尚书仍迷信方士郭京"能六甲法，可以生擒金二帅"。结果郭京驱使"神兵"开城不战而逃，金兵乘机登上城墙，加速了京师的陷落。徽宗、钦宗连同北宋宗庙神器、府库蓄积，都被金兵悉数掳去。这位"教主道君皇帝"做了囚徒，犹且身穿紫道袍，头戴逍遥巾，作道流打扮，真可谓至死不悟。

中国的佛教

对中国来说，佛教是外来宗教。

佛教发源于公元前 6 世纪到公元前 5 世纪的古印度，创始人是位于今尼泊尔国境内的迦毗罗卫国的王子乔达摩·悉达多，即释迦牟尼。

西汉末年（公元 1 世纪），佛教传入中国。佛教传入中国后，经过嫁接、发展，产生了自己独特的结构，形成了有中国特色的佛学体系，成为中国古代思想文化的主要组成部分。佛教在中国的传播过程就是佛教不断中国化的过程。

佛教能在中国落地生根，并最终变成中国自己的宗教，原因是很复杂的，但归根结底有两点：一是中国封建社会的社会矛盾为佛教的生根提供了肥沃的土壤；另一方面是佛教教义与中国封建礼教固有的宗教信仰的结合，以及对王权政治的依附和与中国儒家思想的融和，这些赋予了佛教勃勃生机。

太虚的"佛教复兴运动"

太虚大师（1889—1947）是中国近代佛教史上的一位著名僧人，以改革、振兴佛教的活动而留名于世。大师原名吕淦森，浙江桐乡人。他16岁时在苏州平望小九华寺出家，后在天童寺由著名佛教僧人寄禅受具足戒，学习佛法，研习教义。他出家后取法名唯心，别号悲华。此时正值清末民初时期，清政府对佛教采取的是限制发展的政策，加之僧团内部宗派斗争和僧人堕落，佛教已走入衰微。富有的寺院在清代后期100年里一直成为官吏豪强夺取的对象，为此双方斗争不止。各地寺院缺乏管理，僧侣不参禅，不持戒律，更不学习佛法。据说当时全国有名的大寺镇江金山寺居然找不出个会写字的和尚，更不用说懂得佛教教义的人了。当时西方的科学学说已传入中国，反对宗教迷信的呼声日益高涨，佛教缺乏现代知识补充，许多僧人的思想陈旧，墨守成规，不求进取，佛教已到存亡关头，若再不进行改革、调整，势必衰亡。在这种形势下，佛教内部一些受过教育，充满活力的年轻人纷纷而起，要求对佛教进行改革。

1928年，太虚提出"三佛主义"来说明其孜孜以求的佛教革新运动之目标："佛僧主义"、"佛化主义"及"佛国主义"。"三佛主义"就形制上，是由孙中山先生进行中国国民革命的三民主义灵感而来，而就其内容意义上看，则可以代表太虚推动佛教复兴运动的三个目标层次。

所谓的"佛僧主义"，依太虚改革运动的目标，应该属于其整理僧制中僧伽制度的革新，也就是"革命僧团"的改革理论。但是太虚却一再强调此"佛僧主义"必须以"中国佛教的僧寺，内有两千年历史为背景，外有现代全国全世界的环境为背景"，"绝不能抛弃了有两千年历史为背景的僧寺"。太虚此议是针对晚清以来屡屡泛起的"庙产兴学"运动的。"佛僧主义"强调要"拥护代表中国两千年的僧寺"，正是为了驳斥一股来自社会俗流的反宗教思想，以表示其坚定的主张：中国佛教的僧寺不可废，代表佛教住世的僧伽亦不可无！而这正可表明，佛教改革的刻不容缓以及必要前提：改革僧制，首先必须巩固此僧团所依止的根本——僧寺与寺僧，这才是进行"革命僧团"及"佛僧主义"的根本所在。

所谓"佛化主义"，也就是推行"佛化运动"、"佛法救世运动"，组织各地的佛教正信会，联合各地的佛学社、居士林、佛化新青年等团体，以推行佛教使其普及化、社会化。但是，佛化运动的推行，有时被误解为俗化，或者根本离开佛教立场，成为世俗化的佛教革命，以致于形成太虚所谓的"犯了俗化幼稚病的革命僧，欲篡夺了僧寺以俗化成普通的民众"，反佛法而成趋俗的世俗法。为应对这一类的病症，太虚曾于1925年作《箴新僧》，1927年作《告徒众书》，1928年作《去除稚僧的几种错误》，1937年作《新与融贯》、《复罗阁英居士书》，1939年作《答某师（亦幻）书》，详细指陈其改革中国佛教的根本信念及应有的态度。在太虚看来，佛教的革新，如果不能以佛教为中心，以"契理契机"的精神去规范，必然会走向返俗叛教中去。这是太虚绝难同意的。所以，"佛化主义"除实施佛化运动，宣扬人生佛教外，对于这一类不以佛法化导世俗，反成为以世俗化灭佛法的行为，也必须加以纠正。

所谓"佛国主义"，太虚的理想是达到社会的善化净化，创造现世的佛国净土，使社会成为净化的社会，进一步成为净化的世界。其目标在精神方面希望做到改善各种社会制度，如经济、政治、教育，以及各种社会文化，如文字、语言、礼俗、风尚、思想、学说、教化等，使一切人群行为皆行十善，人人感觉处于佛所教化的国土。这是佛化运动发展到了纯熟的阶段，社会普遍接受佛法的教化，奉行五戒、十善，而展开人生佛教的实践阶段。其次，在物质方面希望做到：增进水陆空交通的便利，开辟及发展各种地利、水利、林场、矿场、农场及工厂、商务等生产事业，以造成家给人足，时丰物阜的安乐国土。

以上的"三佛主义"，"佛僧主义"蕴涵了明显的维护传统佛教以僧伽、佛寺为基本内容的立场，直接针对的是当时喧嚣尘上的"居士佛教"；而"佛化主义"、"佛国主义"都含有明显的去除或者防止佛教世俗化的意味。"三佛主义"合起来就是一个"佛教救世主义"，而在实践上，则又是一个"佛教革命主义"，三者必须完全兼顾而按顺序实行。太虚又将佛教的革新运动分为三个时期，以配合"三佛主义"的进行。其中，第一期主要是实施"佛僧主义"，也就是实行僧伽制度的整理工作。1936年，太虚曾仿照孙中山的三期国民革命计划，再将僧制的整理分为军政、训政、宪政的三期改革，其意如下：

吾意确立僧寺整理法，乃是军政；使僧出家受戒修学办事皆如法整理，而在家佛徒亦皆助成，乃为训政；整理完成，僧能真住持佛法，在家能正信护佛法，乃入宪政。

太虚所设定的初期目标是僧寺制度的整理，其次是僧伽教育的普及实施，并配合佛化教育的进行，最后，僧制与僧教育皆达到最终目标时，则呈现出"僧能真住持佛法，在家能正信护佛法"的局面。这实际上就是太虚改革中国佛教的最终理想，而贯穿于其中的正是扭转佛教世俗化的颓势的强烈愿望。

从总体而言，太虚的看法与主张，确实切中中国佛教的时弊，有些设想即使从现在观之，也有其实行的价值。此正如周学农先生所说：太虚根据他对近代社会发展趋势的理解，对传统佛教进行了激烈的批评，强调佛教对于人生的重视，强调佛教净化社会的作用，对于佛教与近代社会中某些因素的可能契合点作出了说明，甚至为这种理论的实施设计了一整套的改革方案，可以说完成了佛教近代化的设计工作。

然而，令人惋惜的是，太虚所设定的蓝图并未如其所期望的那样实现。太虚最后不得不承认，自己所设定的实现"三佛主义"的三期规划，"今去初期尚远，遑云三期？""然第二步未能顺序进行，故亦终无第三步的效果。"太虚僧制改革运动就这样在筚路蓝缕的开拓中结束了。这确实使人扼腕叹息！尽管如此，他所确立的佛教革新的理论，至今仍然可以作为我们建构佛教教团制度学的理论基础及原则。

盂兰盆节

印度佛教仪式中佛教徒为了追荐祖先举行"盂兰盆会"，佛经中《盂兰盆经》以修孝顺鼓励佛弟子的旨意，合乎中国追先悼远的俗信，于是日益普及。

"盂兰"，倒悬的意思，倒悬形容苦厄之状，盆是指盛供品的器皿。佛教认为供此具可解救已逝去父母、亡亲的倒悬之苦。盂兰盆即"解倒悬"之意。佛典《佛说盂兰盆经》中记载了这么一个故事：

释迦牟尼的十大弟子之一目连（亦称目键连），得到六通（六种智慧）后，想报答父母的养育之恩，即用道眼视察，看到已逝去的母亲在饿鬼道中受苦，瘦得皮包骨头不成人形。目连十分伤心，于是用钵盛饭，想送给母亲吃，但是饭刚送到他母亲手中，尚未入口即化为灰烬。目连无奈，哭着请求佛祖帮助救救他的母亲。佛祖说："你母亲罪孽深重，你一人是救不了的，要靠十方僧众的道力才行，你要在七月十五日众僧夏安居修行圆满的日子，敬设盛大的盂兰盆供，以百味饮食供养十方众僧，依靠他们的感神道力，才能救出你的母亲。"目连照佛祖的指点去做，他的母亲真的脱离了饿鬼道。由此可见，佛教的七月十五的盂兰盆节，有两层涵义，一是教育人们要供养宗教僧众，二是教育人们多做善事超脱先人罪孽，并提倡孝道。佛祖还说："今后凡佛弟子行慈孝时，都可于七月十五日僧自恣日，即佛喜欢日（于佛制每年一夏九十日间，僧众聚集一处安居，坚持戒律、皎洁其行，于最后一日，僧行自恣法，即请僧众举出各自所犯之过失，于大众中发露忏悔而得清净，自生喜悦，称为自恣。又十方诸佛欢喜其安居圆满之精进修行，故亦称佛欢喜日），备办百味饮食，广设盂兰盆供，供养众僧，这样做既可为在生父母添福添寿，又可使已逝的父母离开苦海，得到快乐，以报答父母的养育之恩。"

据《佛祖统纪》卷三十七记载，梁武帝大同四年（538 年）始设"盂兰盆斋"。节日期间，除施斋供僧外，寺院还要举行诵经法会及举办超度水陆亡灵的水陆法会、放焰口（饿鬼名"焰口"，放焰口是向饿鬼施食的仪式，仪式中要念诵专门经咒）、放灯等。

这一天，事先在街口村前搭起法师座和施孤台。法师座跟前供着超度地狱鬼魂的地藏王菩萨，下面供着一盘盘面制桃子、大米。施孤台上立着三块灵牌和招魂幡。过了中午，各家各户纷纷把供品摆到施孤台上。主事者分别在每件祭品上插上一把蓝、红、绿等颜色的三角纸旗，上书"盂兰盛会"、"甘露门开"等字样。

北宋孟元老《东京梦华录》卷八载，在中元节之前，市上有人卖冥器：纸做的鞋靴、幞头、帽子、衣服等，印卖《尊胜目连经》，用竹制"盂兰盆"。在中元这天，在盂兰盆内放置纸做的衣服及冥钱等用火焚烧，表示供奉祖先亡灵。还供奉祖先素食，"城外有新坟者，即往拜扫"。朝廷命寺院设道场，"焚钱山，祭军阵亡残"。此后，盂兰盆节已演变为中国民间祭祀祖先、超度亡灵的宗教节日。清代于敏中等编的《日下旧闻考》载，在中元节到来之前，人们如清明节一样要上坟祭祖，在节日这天，各寺设盂兰盆会，以北京长椿寺为盛，儿童手持安放灯火的荷叶，绕街而走。

祭奠亡灵，是人们表达哀思的一种情感需要，愿先亡者在另一个世界幸福安乐是人们对亲人情感的延续，是人间真切的未了情。

藏传佛教的主要节日

在藏传佛教中，所依据的历法是藏历。藏历主要是以阴历辅以阳历计算的，与汉人的历法计算相类似，每隔数年便会有闰月出现。但在藏历中，会出现闰日或缺日的情况，即一个月中的某一天出现两次或跳了一天的情况。

在藏历的正月初一至十五间，不只是藏历新年，也是重要的佛陀神变节。在佛教史上，释迦牟尼曾于多天内每天示现一种神变，令专门前来比试挑战的外道师最终俯首认输而皈依正法。在这两周中，便是纪念本师释迦牟尼佛以神通降伏外道师的日子。在以前，拉萨会在这段时间内举行盛大的广愿法会，三大寺的数万僧人齐集大昭寺范围内诵经，各方施主云集供养，在寺中各方设法座由德高法师宣说正法（多会选佛陀本生故事而说），且会请出一尊特别的弥勒佛像由僧人拥簇游街。此外，也会在这段日期中举行三大寺学僧辩经考试，以选出最高荣誉的毕业生。这种级别的考试极为严谨，由达赖喇嘛亲自临场监考，三大寺长老共同参与，还有数万位僧人在场观看。由这种级别的考试中产生的毕业生，称为"格西拉然巴"，可说相当于最高荣誉的佛学博士学衔。

藏历四月称为"释迦月"，是一年中最神圣的月份，纪念本师释迦牟尼的出生（初八）、成佛及入灭（十五），在这一点上，与汉传佛教有所不同（纪念佛陀成道的日子有所不同）。

六月初四是纪念佛陀在鹿野苑为五比丘初转法轮的圣日。

在佛经上记载，佛陀之亲母（实应称为悉达多太子的亲母）于佛陀（当时仍为悉达多太子，尚未示现成佛）出生后不久便去世，转生于天界，佛陀在示现成佛后便曾一度上天为母说法。藏地的九月廿二日是纪念佛陀上天为母说法毕，重返我们的世界之"降凡日"（"上天为母说法日"是较少为人重视的日子，但也有其特定的日子作为纪念）。

在以上所说的四圣日中，相传由于佛力的缘故，所造之善业及恶业的业力俱增亿倍，所以它们是特别利于修持及尤其必须注意戒恶的日子。

此外，各宗派亦有本身的圣日，如莲师纪念日及宗喀巴大师纪念日（十月廿五）等。宗喀巴纪念日是全藏、蒙古乃至汉地很多地方极为重视的大日子。在该天中，所有格鲁派寺院及很多其他派寺院及老百姓都在户外、屋顶等地方燃点大量油灯纪念。在某些地区，由于没有用酥油供灯的习惯，便会于当天把一种称为"圆根"的植物制成灯器以供灯，所以有些人也把这圣日叫做"圆根法会"。

除上述日子外，藏传佛教亦重视日食与月食及每一个月的初八、十五及三十，这些都是修行及受持大乘八关斋戒的特别日子。在每月的初十及廿五，是修行人举行会供的日子。在每月的廿九，则是供奉诸护法的日子。

虽然藏历与汉历计算法大致类似，但二者所闰的年份不一定相同，所以常会有藏历比汉历相差整整一个月的情况（例如 2000 年藏历便有闰月出现，而汉历没有，到了某月份，二者便开始相差一个月。直至 2001 年中的汉历闰月出现时，二者又重新对上），而且二者的计算亦常相差一天。

云南地区的上座部佛教

　　传说，佛陀在世时，曾巡行印度周边各地，也曾到过中国云南西双版纳和德宏一带。我们知道，佛陀圆寂100年之后，约在公元前5世纪举行第二次"结集"时，持守佛陀原始戒律和教义的一派，形成了"上座部"。此后，上座部佛教从印度向斯里兰卡方向南传，形成"南传佛教"。南传佛教又经由斯里兰卡向泰国、缅甸、老挝、柬埔寨等东南亚国家传播。大约在3世纪，南传上座部佛教经由泰国，传布到了云南西双版纳地区。又经过1000多年的发展演变，形成了我们的南传佛教——云南上座部佛教。

　　今天的云南上座部佛教，主要分布滇南、滇西南的西双版纳傣族自治州、德宏傣族景颇族自治州普洱市、临沧市、保山市、红河哈尼族彝族自治州这六个地区。信仰南传上座部佛教的民族主要有傣族、布朗族、德昂族、阿昌族、佤族和彝族，其中，傣族、布朗族基本上是全民信仰，德昂族、阿昌族大部分人，佤族、彝族一部分信仰，阿昌族、傣族、布朗族、佤昂族这四个民族又是边境地区跨境而居的。云南上座部佛教现有开放佛寺1700多座，僧尼8000多人，信众130多万人，其中，祜巴一级的长老20多位，比丘（都）1000多人，沙弥（帕）7000多人，沙弥尼（帕）30多人，傣族信众有108万人。布朗族信众约3万人，佤族信众1万多人，阿昌族信众2.6万余人，德昂族信众 1.2 万余人，彝族信众 612 人。

传统上，信奉云南上座部佛教的男子都要出家一次，接受佛教教育。出过家的人才能在社会上取得应有的地位，受到大家的尊敬。通常男孩在 10 岁左右，家人就会将他们送到佛寺出家，过宗教生活。在云南上座部佛教地区，佛寺既是村寨宗教修行中心，又是村寨文化教育中心。出家，既是过一种宗教修行生活，也是借此接受传统文化教育。出家后通常要接受 5 年以上的教育，年满 20 岁方可受比丘戒。受比丘戒后，可以随时还俗，也可以继续住寺修行。这主要根据家庭情况和本人的意愿。一般只有一小部分人继续住寺修行，长期为僧，按照僧阶逐级晋升，深造修持，不再还俗。

云南上座部寺院遍布各地，"村村有佛寺，家家有佛堂"。寺院分为四等，最高佛寺是州总佛寺，负责协调佛教徒的佛事活动，颁布有关宗教法规，形式上批准僧人僧职的晋升，以及为新述职的官员、较高级别的土司举行宗教仪式活动。下属各勐的总佛寺是二级寺院，负责勐内的宗教事宜。同一地区具有四个寺院或四个以上寺院的村寨组成的若干个中心，布萨堂是三级寺院，负责每月法定日的佛事活动和监督比丘持戒的情况，批准及考核沙弥晋升比丘等事宜。各村寨的佛寺是最低级别的寺院，负责村民日常的礼佛诵经活动，以及对年轻人进行佛教教育、文化培训的工作。僧侣的僧阶，各地区、各派别都不一样，润派分为八级，摆庄派、多列派为四级。上座部没有比丘尼，但有出家女。她们只能从事慈善事业，不得主持佛事活动。

云南上座部佛教有自己的三藏，系南传巴利文三藏的音写。中国佛教的主要宗派和基本教义书写的文字有傣纳文（德宏傣文）、傣泐文（西双版纳傣文）、傣绷文（缅甸掸文）、傣端文（金平傣文之一），写在贝叶或构皮纸上。一些各民族的高僧、学者的著述，重要的傣文译典和注释也被收入在藏经内。

出雨安居节是雨安居圆满结束时举行的节庆活动。整个雨安居，即汉地所谓结夏安居，在傣历上是从九月十五日直至十一月十五日的两个月时间，相当于公历 8 月中旬至 10 月中旬。在整个雨安居期间，每一星期有一个白天和两个晚上为持戒日，很多老年信众都带着坐臣具，担着供养，到佛寺中持戒、听经、坐禅、吃斋、作息，过一段完整的修行生活。信众一般不出门，不建屋，不进行娱乐、婚恋等一类活动。当整个雨安居结束时，佛寺和信众为庆祝雨安居修持的圆满，都要举行盛大隆重的出雨安居节庆活动。

云南上座部佛教还有浴佛节、献经节、豪干节等节庆，其中，傣历六月，公历 4 月举行的浴佛节，已经发展演变为傣族新年具有更多民间喜庆色彩的泼水节，而浴佛节本身也已被政府列为傣族新年泼水节的重要活动。这些大型佛事活动，信众乃至一般民众，都会积极参与，非常隆重。日常生活中，上座部佛教信众大凡遇有结婚、建屋等喜事，还有遇到病魔、灾厄及丧葬等事，都会请僧人到家中诵经、拴线，或者到佛寺放生、布施。佛教信仰已渗透到上座部佛教地区民众生活的方方面面。

新中国成立后，上座部佛教进入新的发展时期，是中国佛教协会的成员之一，在团结信徒加强各民族团结，积极参加社会主义建设事业中发挥了重要的作用。

中国佛教八大宗派

佛教传入中国后，经历了与中华民族传统文化长期的相互冲撞、相互交融和相互适应的过程，形成了许多独具特色的中国佛教宗派，主要有八宗：隋代产生的天台宗和三论宗，唐代产生的华严宗、唯识宗、禅宗、律宗、净土宗和密宗。它们就是通常所说的性、相、台、贤、禅、净、律、密八大宗派。

天台宗，是中国佛教最早创立的一个宗派，因创始人智顗常住浙江天台山而得名。其教义主要依据《妙法莲华经》，故亦称法华宗。该宗的主要思想是实相和止观，以实相阐明理论，用止观指导实修。该宗集合南北各家义学和禅观之说，理论体系完备，对以后成立的各宗派多有影响。9 世纪初，此宗传到日本，13 世纪由日本天台本宗分出日莲宗。它的宗义以五时八教为总纲，以一心三观（三观是修行的观法，即空观、假观、中道观。此三观可以于一心中获得）、三谛圆融（真谛、俗谛、中道谛叫做三谛。此三谛举一即三，虽三而常一，说三说一是圆融无碍的，所以叫圆融三谛）为中心思想。

三论宗，隋朝吉藏大师创立，主要依据鸠摩罗什（343—413）传译的《中论》、《百论》、《十二门论》进行研究讲习而形成的宗派，因为是依据中观派三《论》立的宗，所以叫做三论宗。该宗的主要理论是缘起性空，即认为世间、出世间万有诸法，都是从众多因缘和合而生，是众多因素和条件结合而成的，这叫缘起，没有事物是独立不变的实体，这叫无自性，也就是性空。它的宗义，是以真俗二谛为总纲，从真空的理体方面揭破一切五蕴诸法虚妄不实，彻底破除三毒（贪嗔痴）迷惑，以建立一切无所得的中道正观。隋末的吉藏大师系统地阐发了这一理论。这一宗，实际就是印度中观系统的流派，龙树、提婆学说的直接继承者。

华严宗，因以《华严经》为根本典籍，故名，又因实际创始人法藏号贤首，也称贤首宗。该宗以发挥"法界缘起"的思想为宗旨，又称法界宗。其主要教理为法界缘起说，认为宇宙万法、有为无为、色心缘起时，互相依持，相即相入，圆融无碍，如因陀罗网，重重无尽，并提出四法界、六相、十玄等法门。

唯识宗，又称法相宗。汉传佛教唯识宗是印度瑜伽行派在汉地的传承。玄奘从印度回国后，翻译了瑜伽学系的《瑜伽师地论》、《百法明门论》、《摄大乘论》、《辨中边论》、《唯识二十论》、《唯识三十颂》、《分别瑜伽论》等，以及《成唯识论》，在此基础上创立了此宗。其主要理论包括："三性说"（遍计所执性、依他起性、圆成实性），五重观法，因明学说。唯识因明之学对后世影响很大。

禅宗，主张修习禅定，故名禅宗，又称佛心宗。该宗创始人为菩提达摩，下传慧可、僧璨、道信，至五祖弘忍下分为：南宗慧能（638—713）主张顿悟，后世尊为六祖，弘传甚盛；北宗神秀（约606—706）一派主张渐修，盛极一时，但不久便衰落了。禅宗主张心性本净，佛性本有，见性成佛，提出了二入四行的理论。二入指理入和行入，四行指报怨行、随缘行、无所求行与称法行。该宗主要经典包括《楞伽经》、《金刚经》、《六祖坛经》。随着禅宗的传播和发展，其内部又分成"五家七宗"：沩仰宗、临济宗、曹洞宗、云门宗、法眼宗，临济宗后来又形成黄龙派、杨岐派两派。禅宗在中国佛教各宗派中流传时间最长，至今仍延绵不绝。它在中国哲学史上也有着重要的影响。禅宗后来先后传入朝鲜和日本。

律宗因着重研习及传持戒律而得名，也称四分律宗、南山律宗或南山宗。律宗主要理论为戒法、戒体、戒行、戒相四科。在戒律方面，依据昙无德四分律而加以大乘教义的解释，在中国形成了一个"律宗"的学派。它的重要人物是与玄奘同时的道宣。由于这一宗的盛行，中国僧人们在修习大乘三学中，仍注重上座部戒律的止作二持的遵行。唐代鉴真将律宗传入日本。近代弘一大师重振律宗。

净土宗，因专修往生阿弥陀佛极乐净土的念佛法门，故名。因其始祖慧远曾在庐山建立莲社提倡往生净土，故又称莲宗。该宗主要思想是以修行者的念佛行业为内因，以弥陀的愿力为外缘，内外结合，往生极乐世界。主要经典包括《无量寿经》、《观无量寿经》、《阿弥陀经》和世亲的《往生论》，统称三经一论。该宗由于修行方法简便易行，所以广泛流行于汉地，汉传佛教其他宗派往往也兼修净土法门。847 年日僧圆仁入唐求法，把净土法门传入日本，形成日本的净土真宗。

密宗与其他宗派（相对密宗称为"显宗"）不同，密宗仅限于具有一定资质的学僧修习，由师徒密传，故称密宗。印度的密教由善无畏（637—735）、金刚智（669—741）、不空（705—774）等传入中国，形成密宗。此宗依《金刚顶经》、《大日经》建立"金刚界"、"胎藏界"两部三密瑜伽。

以上便是中国汉语系佛教的八大宗派。此外还有专宗俱舍论的俱舍宗，专宗成实论的成实宗，以及专宗摄论、地论、涅槃经的各宗派，于东晋南北朝时期兴起，盛行一时，不久便失去传承，或并入他宗了。

总观诸宗历史，隋唐是各宗兴起和极盛时代，会昌法难（844 年）后，除禅宗外，是诸宗衰亡时代。稍后有天台、贤首的复兴和禅宗的大发展，这可算是佛教复兴的时代，但也没有初唐、中唐那样的盛况。自元代起西藏佛教传入内地，很受朝廷的崇奉，但未普及民间，而汉地原有佛教则不及宋时兴盛。有清一代，汉地佛教没有什么起色，仅可保持原有的余绪。清末以来，上述八宗都有人研究讲学，有复苏的趋势。

中国佛教石窟

　　约公元 1 世纪，佛教经西域传入中国。佛教石窟伴随佛教传入出现在中国，最早当属 3 世纪的新疆龟兹石窟。4 世纪后，龟兹以东受其影响，在焉耆、吐鲁番一带凿窟造像，并渐次入关。

　　4 世纪中后期，敦煌就有开窟的早期记录，并在凉州一带蔚然成风。5 世纪中期以后，敦煌以东广大地区开凿石窟，分布广，数量多，直至 8、9 世纪，形成中国石窟雕凿的盛期。中国石窟开凿的尾声，可延续至 18、19 世纪。

　　中国佛教石窟是世界上保存数量最多，分布地区最广，延续时间最长的佛教艺术遗存。按其地区分布和石窟类型，大体可分为新疆地区、中原北方地区和南方地区三大种类。其中，新疆地区石窟又可分为古龟兹区（以今库车县为中心，主要有 3—8 世纪的克孜尔石窟和 4—11 世纪的库木吐喇石窟）、古焉耆区（主要有七格星石窟）和古高昌区（今吐鲁番一带，主要有 5 世纪的吐峪沟石窟和 9—13 世纪的柏孜克里克石窟）等三个区域。新疆石窟多禅窟与僧房，多中心塔庙窟和大像窟，题材内容从反映小乘佛教过渡到反映大乘佛教，是国内硕果仅存的小乘佛教石窟集中地。

　　中原北方地区石窟，亦可分为：河西地区石窟，主要有 5—14 世纪的敦煌莫高窟和 5—6 世纪的凉州石窟遗存。甘肃、宁夏黄河以东地区石窟，主要有 5—6 世纪的麦积山、炳灵寺和须弥山石窟，晋、豫及其以东地区石窟，主要有 5 世纪后半期的北魏云冈石窟和继其开凿的龙门、巩县石窟，以及 6—7 世纪东魏、北齐的响堂山、天龙山石窟。中原北方地区石窟，5—6 世纪为盛期，直至 11 世纪后渐衰。这一地区充分体现了佛教石窟东方化的具体过渡。

南方地区石窟，主要有长江下游石窟，包括 5—6 世纪的栖霞山和新昌石窟。四川地区石窟，包括 6—12 世纪的金川各地石窟。云南大理剑川石窟，开凿于 9—13 世纪，主要为南诏、大理时期。

中国佛教石窟绵延历久，山西大同云冈石窟、河南洛阳龙门石窟和甘肃敦煌莫高窟，并称为中原北方地区三大石窟，并与新疆、四川石窟同为中国石窟的代表。

敦煌石窟位于今甘肃省敦煌地区，是这一带几座石窟的总称，计有敦煌莫高窟、西千佛洞、安西榆林窟、东千佛洞及肃北蒙古族自治县五个庙石窟。其中，又以莫高窟建成最早、规模最大、内容最丰富，其余则为莫高窟的分支。莫高窟开凿在今甘肃省敦煌市区东南 25 公里处鸣沙山东麓的玉门系砾岩的断面上。莫高窟自前秦建元二年（366 年）乐僔建窟之后，历代兴建不绝，经历了北凉、北魏、西魏、北周、隋、唐、五代、宋、西夏、元等 10 个朝代。清光绪二十六年（1900 年）在莫高窟发现的"藏经洞"，出土了历代写经、文书和文物 4 万余件。这一举世瞩目的重大发现，更把对敦煌的研究推向世界。"敦煌学"研究成为国际宗教、史地、语言、文化艺术以及中外交流史等众多学科进行广泛探讨、合作的热门课题。古老的莫高窟艺术宝库，正焕发出日益夺目的光彩。莫高窟位居全国石窟之首，也是世界闻名的艺术宝库。

龙门石窟是中国的佛教石窟。位于河南省洛阳市南 13 公里处的伊水两岸东、西山上，南北长约 1 公里。石窟始建于北魏迁都洛阳（494 年）前后，历经东魏、西魏、北齐、隋、唐、北宋。两山现存窟龛 2100 多个，造像 10 万余躯，碑刻题记 3600 多品，佛塔 40 余座。龙门石窟造像的第一次高潮，是在北魏孝文帝、宣武帝时。北魏迁都前后,已有利用原有天然岩洞凿龛造像之举,此即古阳洞的早期造像。该洞是北魏皇室贵族造像最集中之处。古阳洞开凿,系自洞窟上部及窟顶,渐次向下扩展,大体经历了三次开凿高潮。后壁一坐佛二菩萨三尊大像的完成,应在北魏正始二年(505 年)前。大规模的开窟造像,始于宾阳洞。《魏书·释老志》记载,景明初(500—503),宣武帝下诏仿照代京灵岩寺石窟(今云冈石窟),于洛南伊阙为孝文帝与文昭皇太后营造石窟各一所。永平中(508—512)又为宣武帝造石窟一所。这三所石窟即现存的宾阳三洞。开凿工程由宦者白整、王质、刘腾相继主持,历时 24 年,用工 842 366 个。

云冈石窟位于中国北部山西省大同市以西 16 公里处的武周山南麓。石窟始凿于北魏兴安二年(453 年),大部分完成于北魏迁都洛阳之前,造像工程则一直延续到正光年间(520—525)。石窟依山而凿,东西绵亘约 1 公里,气势恢弘,内容丰富。现存主要洞窟 45 个,大小窟龛 252 个,石雕造像 51 000 余躯,最大者达 17 米,最小者仅几厘米。窟中菩萨、力士、飞天形象生动活泼,塔柱上的雕刻精致细腻,上承秦汉(前 221—公元 220)现实主义艺术的精华,下开隋唐(581—907)浪漫主义色彩之先河,与甘肃敦煌莫高窟、河南龙门石窟并称"中国三大石窟群",也是世界闻名的石雕艺术宝库之一。

新疆的石窟遍布全疆,但古龟兹王国境内遗存的龟兹石窟为新疆之首。其中,克孜尔石窟是中国地理位置最西,开凿年代最早的大型石窟群,与甘肃敦煌莫高窟、山西大同云冈石窟、河南龙门石窟并称中国四大石窟,也是丝绸之路上一处举世闻名的佛教文化旅游胜地。

中原北方地区三大石窟、新疆和四川石窟分布各具特色,互相影响,南北交流,形成了内容丰富、前后延续的中国佛教石窟体系,成为研究中国历代政治、经济、文化乃至建筑、美术、音乐、舞蹈等许多方面历史的重要实物资料。中国佛教石窟艺术,是中华民族珍贵的文化遗产,也是世界性的精神财富。

因果报应和六道轮回

六道者：天道，修罗道，人间道，畜生道，饿鬼道，地狱道。

此中上三道，为三善道，因其作业（善恶二业，即因果）较优良故；下三道为三恶道，因其作业较惨重故。一切沉沦于分段生死的众生，其轮回的途径，不出六道。

所谓轮回者，是描述其情状，去来往复，有如车轮的回旋，在这六道中周而复始，无有不遍。

六道轮回都有生苦、老苦、病苦、死苦、怨憎会苦，爱别离苦，所求不得苦，五阴盛苦。如此，六道轮回可以说苦多于乐，所以人生是苦海也。依解脱道论来说："戒定慧，是解脱之道，守戒的人，是威仪的意义，也是行善之本。修定的人，他的心不散乱。而有智慧的人，他可以先知先觉。所谓解脱，就是离开束缚的意思，用戒为初善，定是中善，慧为后善，如此产生禅定力求灭苦，最后才得解脱六道轮回。"

六道轮回有两项是有形的，即是"人道"和"畜生道"。

六道轮回有四项是无形的，即是"天道"、"修罗道"、"饿鬼道"、"地狱道"。

有形的称为"有器"，无形的称为"无器"。

世间众生无不在轮回之中，只有佛、菩萨、罗汉才能够跳出三界，不入轮回。以善恶诸业为因，能招致善恶不同的果报，是为业果。作为业果的表现形式，世俗世界的一切万法，都是依于善恶二业而显现出来的，依业而生，依业流转。所以，众生行善则得善报，行恶则得恶报。而得到了善恶果报的众生，又会在新的生命活动中造作新的身、语、意业，招致新的果报，故使凡未解脱的一切众生，都会在天道、人道、阿修罗道、畜生道、饿鬼道、地狱道中循环往复，这就是佛教所说的轮回。

只要在六道轮回中扮演的角色，可以都说是凡夫，生死流传，不能出离，如同漫漫的长夜，即使是六道中的最高地位者，也还是要受轮回。

据经典所指出，行十不善业因缘故，要堕落地狱、饿鬼、畜生之三恶道。行十善业因缘故，则生天界及人界。所谓天界就是"神界"，乃是正直福德的灵魂所居之境界，此境界虽然享福，但是福报总有享受完的时候，就是修善到非想非非想处天，此天是三界最高天，但一堕落，仍然要轮回的。

至于阿修罗境界，就是精灵世界，停留在精灵世界的灵魂，固然生前也修善业，但走了一步邪路，所以不能称为"正神"，只能称为"邪神"或"邪鬼"了。阿修罗境界的环境是最复杂，"邪神"亦有神通力，故作祟人间者，以此类为最多。

人若有"正气"，邪气不能生。人若有邪念，"邪气"乘隙而入。

因此，所谓"走火入魔"就是人先有邪念，邪气乘隙而入者也。

佛、菩萨、罗汉

什么叫佛？什么叫菩萨？什么叫罗汉？

佛，是"佛陀"的简称，也有译作"佛驮"、"浮陀"、"浮屠"、"浮图"等。在梵文中的意义为"觉者"、"知者"、"觉"。觉又有三层含义：自觉、觉他（使众生觉悟）和觉行圆满。佛教宣称，一般凡夫俗子以上三项都缺，毫无觉悟可言；声闻（闻听佛陀言教而觉悟者）和缘觉（因前世修行的因缘或观十二因缘之理自行觉悟者）缺后二项，只有佛才三项都全。小乘讲的"佛"，一般是专用作对释迦牟尼的尊称。大乘除指释迦牟尼外，还泛指一切觉行圆满者。宣称三世十方，到处有佛，多得像恒河沙子，不可计算。比如，过去有七佛、燃灯佛；未来有弥勒佛；东方有阿闷鞞佛、药师佛；西方有阿弥陀佛等。从佛身说，又有法身佛、报身佛和应身佛等。

竖三世佛，"竖三世"的"世"指因果轮回迁流不断的个体一生中存在的时间。三世指过去（前世、前生）、现生（现世、现生）、未来（来世、来生）三世。正中为现在佛，即释迦牟尼佛；左侧为过去佛，即燃灯佛，佛经说他生时身边一切光明如灯，亦说释迦未成佛时，燃灯佛曾为他"授记"，预言将来成佛的事；右侧为未来佛，即弥勒佛，佛经讲他将继承释迦的佛位而成佛，所以叫未来佛。

中央释迦牟尼佛，主管中央娑婆世界，他有两位协侍，"大智"

文殊菩萨和"大行"普贤菩萨；他是这个世界的教化者，是佛教教主。他的法身是藏传佛教崇敬的大日如来。

西方阿弥陀佛，主管西方极乐世界，他有两位协侍，"大勇"大势至菩萨和"大悲"观世音菩萨。一般祈祷于阿弥陀佛，主要目的在于祈求死后的解脱。汉传佛教认为，阿弥陀佛主要是以其愿力，引渡众生到极乐世界，脱离苦难的轮回，故亦号"接引佛"。在藏传佛教，他被称为月巴墨佛，也是长寿的象征。

菩萨，是"菩提萨埵"的略称，在梵文中的意义是"觉有情"，"道众生"，"道心众生"，指按大乘佛教修行，将来可以成就佛果的修行者。佛典上常提到的菩萨有弥勒、文殊、普贤、观世音、大势至等。对大乘僧侣或居士有时也可以尊称为菩萨，如印度大乘佛教学者龙树、世亲等也被称为菩萨。

弥勒菩萨，因弥勒的梵文意义为慈爱，所以常被称为慈氏，其名字为"无能胜"。他出身于印度婆罗门，后得释迦牟尼佛的教化，被授记为下一任佛陀。他现处兜率天内院，为一生补处菩萨。弥勒菩萨祖胸露腹、笑容可掬的形象深受众人喜爱；但在胎藏界的形象是，左手当胸，手掌张开，右手执莲花，所戴宝冠中有宝塔，塔中现舍利；在金刚界的形象是，右手大拇指、食指、小指均竖立，中指与无名指弯曲置胸前，左手放在膝上。

文殊师利菩萨，生于印度舍卫国，后跟释迦牟尼佛出家，常随侍释尊左右，帮助释尊弘法。"文殊"是妙的意思，"师利"是德、吉祥之意。密宗称之为吉祥金刚、般若金刚。文殊菩萨司理智慧，与普贤菩萨相对。文殊的图像一般为骑狮像，顶结五髻，表大日之五智，左手执青莲花，花上有梵箧，右手执金刚剑。此外造像还有一髻、六髻、八髻文殊，手持之物亦各有不同。

普贤菩萨，是行、愿弘深的典范。梵语的普贤称"三曼多拔陀罗"，密宗亦称普贤为善摄金刚、真如金刚、如意金刚。在雕像上，普贤乘白象侍佛之右；文殊驾狮子侍佛之左。据说普贤菩萨掌管诸佛的理德、定德、行德；文殊菩萨则掌管诸佛的智德与证德。一般把普贤菩萨视为祈求延命的本尊。普贤单独造像通常骑六牙之白象，头戴五佛冠，形如满月童子。

观世音菩萨，玄奘三藏又译作观自在菩萨。民间信仰的有三十三变化观音。密宗造像有六观音、七观音等变化。六观音是十一面观音、不空羂索观音、千手千眼观音、如意轮观音、马头观音和准提观音。另外加上圣观音，称为七观音。观音的造像很多，有一面二臂、一面四臂、三面二臂、三面八臂等。三十三体变化的观音中，特别受欢迎、喜爱的是白衣观音。

罗汉，是"阿罗汉"的略称，这是小乘佛教修行的最高果位。达到这一果位者，消除了一切烦恼，受天人的供养，永远进入涅槃，再也不受生死轮回之苦。到了大乘佛教那里，认为不能以自身涅槃解脱为限，而应该以解脱众生为任，于是阿罗汉就逐渐演变成了佛灭之后不入涅槃而住世护法弘法的角色。在中国流行有所谓十六罗汉、十八罗汉、五百罗汉，民间供奉罗汉的风气很盛。其中不乏土生土长，极有个性的完全中国化的罗汉形象，济公是其中最有名的一个。

十八罗汉原为十六罗汉，是佛陀入灭后，受佛嘱咐住在世间护持佛法的十六大罗汉，后在中国民间又增加了两位，所以成为十八罗汉。十六罗汉从5世纪后期，受到中国广泛的崇拜，并成为佛教艺术重要的创作体裁。十六大阿罗汉第一尊者名宾度罗跋啰惰阇，第二尊者名迦诺迦伐蹉，第三尊者名迦诺迦跋厘堕阇，第四尊者名苏频陀，第五尊者名诺距罗，第六尊者名跋陀罗，第七尊者名迦哩迦，第八尊者名伐阇罗弗多罗，第九尊者名戍博迦，第十尊者名半托迦，第十一尊者名罗睺罗，第十二尊者名那伽犀那，第十三尊者名因揭陀，第十四尊者名伐那婆斯，第十五尊者名阿氏多，第十六尊者名注荼半托迦，如是十六大阿罗汉。

傣族小乘佛教

佛教在传播和发展中，逐渐形成了南传和北传两大支系。南传的一支在亚洲的南部，包括斯里兰卡、缅甸、泰国、柬埔寨、老挝和中国西南的傣族地区。傣族地区是指云南省的西双版纳、德宏、思茅、临沧等地，这里的小乘佛教，均属于巴利语系的南传上座部佛教。

傣族称宗教为"沙煞纳"，把他们信仰的佛教叫做"沙煞纳帕召戈达麻"。帕召戈达麻指的就是佛教教主乔达摩·悉达多——释迦牟尼。傣族地区的僧人与其他南传佛教国家和地区的僧人一样，在寺读经、入寨化缘、雨季安居、定期到布萨堂诵戒等，保持着某些原始佛教的遗风。在僧团内部，从泰国、缅甸传入的派系分歧已变得不怎么明显了。各派互相学习、和睦相处，有融合为一体的趋势，但僧侣等级制度却一直保留到今天。该地区的佛教僧阶之严、等级之多，为其他南传佛教国家和地区所未有，也为大乘佛教所不及。

南传上座部佛教是一种自利教，主张自我解脱、自我拯救，通过布施"赕"来行善、修行而达到涅槃，即达到一种超脱悲欢苦乐和超脱生死的境界。南传上座部佛教对人生提出了一种因果报应的理论。宣传人生有生死轮回的三世说，即过去前生、现在今生、未来来生。这三世轮回都在天堂、地狱、人、阿修罗、畜生、饿鬼之间轮回。如果今生不修行积善，死后就要入地狱，遭受油锅煎熬、分身等，来世也只能转生为饿鬼、畜生。由于这种理论的影响，傣族形成普通信教，对佛万分虔诚。

按照传统的宗教习俗，傣族男子都应出家为僧，只有这样才算有教化。谁不出家为僧，谁就是"岩里"——生人。生人即没有教化的人，是被人瞧不起的。傣族僧侣统称为"都帕桑卡"，"都"指佛爷一级的僧侣；"帕"指和尚一级僧侣；"桑卡"是梵语，就是汉语中的僧伽。出家为僧一般分为两步：第一步是当见习和尚，傣语叫"科勇"。傣族男童到七八岁时便被送入佛寺初学教规教义，学习傣文字母，进行出家前的教育。第二步是置办出家用具。请教父主持出家仪式，披上黄色袈裟正式受戒，削发为僧，称"帕囡"（小和尚）。小和尚在佛寺内既认字学习傣文，又念经学习佛教经典，以后又随着年龄增长和所掌握的经文程度晋升为大和尚、二佛爷、大佛爷……从和尚晋升佛爷要在中心佛寺的"波苏"（佛亭）内举行晋升仪式。佛爷精通经文，又对教规教律坚信不疑，并愿意终身实践者，又可继续晋升为祜巴、沙弥、桑卡拉扎、松溜、阿嘎牟尼等高级僧侣。佛爷以上各级高僧的晋升、告假、还俗都要经当地召勐（土司）审核批准。僧侣要按等级披"帕楞"（黄袈裟）。帕囡的帕楞是一块长方形的黄布，叫"帕耶"；都（佛爷）这个等级的帕楞规格是由长方7个小块、横方9个小块拼缝而成的黄袈裟，叫"帕拉那"；祜巴级以上的僧侣则披长11小块、宽9小块拼成的黄袈裟。都帕桑卡都要守十戒，其秩序是：巴纳（禁杀生）、阿顶纳（禁偷盗）、阿明（不通奸不玩弄女性）、茂萨（不说谎）、苏拉（不酗酒）、唯嘎拉（不吃夜饭）、乌咱（禁睡高处）、咱打鲁（不掌握经济包括不经商赌博）、拉杂几（不娱乐欢娱）、麻拉（禁戴花、不打扮）。

佛教借助诗歌、故事等体裁形式进行传布和弘扬，而傣族文学也因佛教的这些影响得到了丰富和发展。傣族全民信教且之虔诚与昌兴的佛教文学有关系。具体说，这里的信众并不是受到巴利文三藏影响或听了法师乏味的讲经而向佛的，主要是在其自幼听到过许多佛经故事和佛教诗偈的基础上，经过熟知或点化，才逐渐热爱和信仰佛教的；另一方面法师的讲经说法也以生动有趣的佛教故事来做铺垫，进而感染信众的。可以说，正是佛教文学强大的感染力，使得那些善男信女安坐持诵、乐此不疲。用韵文演述故事的佛教文体随着佛教传入而进入傣族地区，随即傣族诗歌迅速得到充实，并发展到长篇叙事诗的高度。其内容由平淡、枯燥的讲述转变为离奇、有趣的诵诗，由内容简单、短小变为丰富、恢弘的巨制，主体思想更为深刻，人物性格更为复杂，故事情节更为起伏跌宕，语言风格也更为丰富多彩。例如，"龙宫探宝"、"花变美女"、"人妖斗法"等故事已融进了傣族文学，使其面目为之一新，内涵为之扩大，故有"佛教是傣族文学的翅膀"之说。傣族文学吸收佛教文学之后，逐渐创造出更多部长篇叙事诗，极大地丰富了自己。它们也不是简单地继承，不但去掉了原有的印度色彩，融入了傣族的风俗民情、适时的地理环境，而且继承了傣族描写爱情等方面的内容，力求使之成为本民族喜闻乐见的文学。这不但满足了广大民众的艺术欣赏和审美需求，而且也为佛爷、比丘讲经找到根据，为信徒赕佛提供了新鲜材料。

在傣族地区，影响最大的是《本生经》中的《维森达腊本生》。维森达腊是印度一位乐善好施的王子，他甚至将妻儿布施给一个婆罗门。《维森达腊本生》是颂扬他的布施精神，傣族人民也创作了《朗玛娣》和《召渣里和朗甘哈的遭遇》来讴歌他的妻儿。"赞哈"把佛教故事改编为歌词到处巡回演出，深受广大傣民的喜爱。"赞哈"有僧侣阅历，懂得佛教经典，又谙熟傣族社会和风俗人情，于是把佛经故事、轶事、人物、传说等编为民众所喜爱的佛教文学。而在傣族作家中，也不乏出家僧侣，有一个祜巴（级别较高的僧人），是傣族诗人兼文学评论家，其《论傣族诗歌》影响很大。

中国的道教

　　道教是纯粹的中国本土宗教，是一个崇拜诸多神明的原生的宗教形式。

　　道教虽然诞生于东汉末年，但其历史渊源却十分久远。就思想来说，黄老思想、老庄哲学、阴阳五行都是它的思想经典，神仙方士、古圣先哲，皆可成为它的偶像，医学养生、方术、巫术无不被搜罗为道术。

　　道教追求的是少思寡欲的生活，清净虚明的心理境界，养气健身、延年益寿的生理状态。

　　道教对自然万物的态度是"顺其自然"，可以说是保护自然环境的先驱。可以很肯定地说，道教是重现实、重今生、重自然的人间性宗教。只有在中国，它才能产生和发展。

道教

　　儒家思想、道家思想、佛家思想，是近 2000 年来在中国封建社会中影响最大的三种文化思想。

　　那么究竟何为道教？简单地说，道教意指"道"的教化和说教，或者说就是信奉"道"，企图通过个人的努力修炼而成仙得"道"的宗教。但是道教所谓的"道"，又是什么含义呢？这需要追溯到道教的前身——春秋战国时期的道家学说。

　　我们知道，道家是春秋战国诸子百家学派之一，这一派的代表是老子和庄子。他们主张宇宙间的天地万物都源于一个神秘玄妙的母体——"道"。道具有无形无名，自然无为，既不能被看见、摸到，又有不可言说的性质，是天地开辟之前宇宙混沌浑一的原始状态，也是超越现实世界一切事物的宇宙最高法则。空虚无形的道化生出最初的元气物质，元气分而为阴阳，阳气清轻上升为天，阴气浊重下凝为地，天地阴阳的冲和交感又产生了万事万物，而人为万物之灵长，与天地和合为三。老子说："道生一，一生二，二生三，三生万物，万物负阴而抱阳，冲气以为和。"这便是道家关于宇宙生成的基本理论。

　　道教的起源和发展经历了一段漫长的历史时期，中国古代先民认为万物有灵，进而产生了对自然的崇拜、灵魂的崇拜、祖先的崇拜，慢慢又发展到祖先与天神合一，成为至上神的雏形。鬼神崇拜早在原始社会时期便已存在，那时先民们除认为万物有灵而产生自然崇拜外，还认为人死后灵魂不灭，因而又产生了对鬼神的崇拜。道教的始祖可以追溯到上古时代，将中华民族的祖宗——黄帝作为其源头。

黄帝，又被称为轩辕黄帝，其在位期间草创了各种文化，故被后人尊为"人文初祖"。他晚年时因发现自己的衰老而苦恼，后来在与浮丘公的谈话中得知"世间万物皆有生死循环，唯有神仙才能长生不老"，便萌生了追寻长生不老境界的想法。他听说崆峒山住着一位活了1200多岁的神仙广成子，就去向他问道。广成子告诉他要保持心境平和，清静无为，坚持修炼，方能与日月同辉，与天地共存。黄帝听了广成子的话大受启发，自此跟随广成子学道。后为救百姓而要炼丹，在铸鼎鼎成时，黄龙天降，迎黄帝升天。至殷商时代，史前时期的自然崇拜已发展到信仰天帝和天命，初步形成了以天帝为中心的天神系统，遇事便由巫祝通过卜筮以向天帝请求答案；原始的鬼神崇拜已发展到以血缘为基础，与宗法关系相结合的祖先崇拜，其祭祖活动定期举行。

后世道教所以成为多神教，即源于古代之鬼神崇拜；后世道教做斋醮法事，亦与古人鬼神祭祀礼仪和礼制有密切的关系。人们崇拜神灵就要举行祭祀活动，而祭祀活动离不开"礼乐文明"，礼乐文明随着春秋时期的"礼崩乐坏"，逐渐由上层走向民间，被后来的民间方士和巫觋所继承，道教成立后，演变为道教的斋醮科仪。所以说，夏商周三代的礼乐文明有相当的一部分被道教保存下来。道教实际上是礼乐文明的继承者。

到了战国时期，神仙信仰已经相当广泛。这时出现了许多记载神仙传说的著作，书中载有不少关于仙人、仙境、仙药等传说的文字。从战国（前275—前221）中后期到汉武帝时，在方士（亦称神仙家）与帝王将相之鼓动下，掀起了中国历史上有名的入海求不死药事件。齐威王、齐宣王、燕昭王、秦始皇、汉武帝等都曾派方士到海上三神山寻求神仙及不死药，其规模越来越大。中国独有的神仙信仰沿袭而下，到东汉中晚期为道教所继承，成为道教信仰的核心内容。

汉武帝后，方仙道逐渐与黄老学结合向黄老道演变。东汉顺帝时（126—144），张陵于蜀郡鹤鸣山（今四川大邑县境内）创立了五斗米道，又名正一盟威道。汉末魏晋时期是中国道教发展的重要时期。汉末的政治风气以及魏晋玄学的社会直接影响着道教的行为方式和存在认识。它们虽然同出于对老庄学说的认识，但竹林七贤等人的行为方式在道教人的行为规则上有重要的先风之要。魏晋的政治环境和社会风气对道教而言是难得的发展机会和发展助力。东晋道家的著名学者葛洪的《抱朴子》在道家体系中具有重要的地位，而葛洪本人也被认为是道家的重要人物，对道家学派的发展起重要作用。

相传唐代初年，有个叫吉善行的人，在羊角山遇见一位须发皓白，骑着白马的老人。老人对他说：转告大唐天子，如今治国有方，只要在长安城东建一座安化宫，内设道像，就能永保社稷，天下太平。说罢腾空而去。不久，老人再次显灵，声称：我是无上神仙，姓李，号老君，是当今皇帝的祖先。从此，李唐皇室自称是老子李耳的后裔，尊老子为"圣祖"。后来宋朝皇帝也仿效了唐朝做法。

道家的宇宙学说在汉代影响很大，东汉时开始形成的道教继承了道家思想，并以其作为宗教创世神学的理论基础。道教是中国固有的一种宗教，距今已有1800余年的历史。它与中华本土文化紧密相连，深深扎根于中华沃土之中，具有鲜明的中国特色，并对中华文化的各个层面产生了深远影响。道教更加突出了"道"的神秘性和超越性，把它神化为具有无限威力的宗教崇拜偶像，成为具有人格的最高神灵。道教认为"大道"不仅在先天混沌时代化生了天地万物，而且还在后世，即有史以来的人类文明时代，不断变化其身形名号，降临人世，辅佐帝王，救助危难，传经布道，教化民众。"太上老君"（即老子本人）便是大道降世传教时的化身。他有许多名字，如老聃、李耳、李弘等等。据说东汉顺帝时，老君降临蜀郡鹤鸣山，以

"正一盟威之道"传授天师张道陵，使之教化民众，从而创立了道教最初的一个道团——五斗米道。所以五斗米道最初便奉"大道"为最高神，以太上老君为教祖。实际上，五斗米道是东汉巴蜀地区民间鬼神迷信和巫术活动与道家宇宙论相结合的产物。东汉魏晋时期，像这一类自称为"道"的宗教组织在民间还有许多。南北朝以后，道教崇拜的神有了变化，形成了以元始天尊、灵宝天尊、道德天尊为首的神灵崇拜体系，他们合称为"三清"。所以，道教是崇拜多神的宗教。道教崇奉的神灵种类繁多，除了三清之外，四御是地位仅次于三清的四位天帝，具体指：北极紫微大帝（总御万星），南极长生大帝（主掌人间福寿），勾陈上宫天皇大帝（统御万雷），承天效法后土皇地祇（执掌阴阳生育，万物之美，大地山河之秀）。此外还有人们熟知的玉皇大帝、星辰之神等等。但是道教徒对"道"及老子的信仰一直不衰，道教经典中也不断编造有关老子降世显灵的神话故事。因此，道教作为一种宗教，虽然与先秦的道家学派不完全是一回事，但二者在历史上毕竟有着难解难分的关系。

道教主要思想《易经》为伏羲、周文王、孔子三圣创立，伏羲创造了八卦，周文王创造了六十四卦，孔子则为《易经》作《易传》，由此形成了中华文化的总源头，是诸子百家的开始。东汉时形成宗教，到南北朝时盛行起来。道教徒尊称创立者之一张道陵为天师，因而又叫"天师道"。后又分化为许多派别。东汉张道陵创立的五斗米道为道教的定型化之始。南北朝时宗教形式逐渐完备。道教奉老聃为教祖，尊称"太上老君"，以《道德经》、《正一经》和《太平洞经》为主要经典，奉三清为最高的神，要人脱离现实，炼丹成仙。道教是中国主要宗教之一，其思想在中国的历史文化进程中产生了极为深远的影响。

新天师道

  自汉代末张鲁降曹，迁往北方后，不久张鲁去世，五斗米道天师之位由他的后裔担任。但是教团教规涣散、科律松弛，发展暂时趋于停滞，内部发生分化，一些祭酒道官独自传授教职，招收弟子，发布教令。东晋时，五斗米道在江南一带复兴，许多门阀士族地主都信奉五斗米道，例如著名的世族地主王羲之一家，便是世代信奉五斗米道的家族。此外，在江浙一带还有由世代信奉五斗米道的钱塘士族杜子恭首创的一个五斗米道教团，杜子恭教团是东晋时期江南最有影响的五斗米道教团，教主为杜炅（一称杜昺），假托张鲁授令建立道团，能用章书符水治病济世，仍坚持教徒交五斗米的义名，信徒多达几万户。当时大家世族谢安、王羲之、桓温、陆纳等人都与杜子恭有交往。杜子恭死后，道团由他的门徒，即另一氏族孙恩继承。东晋末年，孙恩的叔叔孙泰卷入东晋政治集团冲突，被执政者司马元显诛杀，孙恩逃入海岛（今浙江舟山群岛）。隆安三年（399年），孙恩趁着当时社会动荡，利用五斗米道教团发动教徒数百人起义。孙恩起义后南方各地教徒纷纷响应，尤其是会稽、吴郡等江东八郡的教徒，起义队伍迅速扩大到数十万，攻城略地，所向披靡。于是孙恩占据会稽，自号征东将军，号其党人为"长生人"。401年，孙恩率十万大军攻击东晋首都建康，朝廷一片恐慌，忙派大将刘裕率兵出击，大败孙恩。第二年孙恩又败，然后投海自杀，孙恩妹夫卢循被起义军推为首领，继续与朝廷作战。410 年，卢循再率十万大军进攻建康，由于军纪败坏，沿途烧杀，不得民心，再加之军队素质较差，在交战中被刘裕军队打得大败而逃。411 年再攻广州，为刺史杜慧度"谲而败之"，卢循亦投海身亡。孙恩、卢循领导的"长生人"起义给东晋王朝极为沉重的打击。这场以道教为旗帜的战争不仅耗尽了东晋王朝的实力，而且在镇压起义的战争中，形成了新的实权人物刘裕。卢循自杀后不足十年，刘裕便取东晋社稷而代之。可以说东晋与东汉一样，也是亡于道教起义。

五斗米道早期主要是在民间传播，常常被农民起义所利用，这种情况对统治阶级不利，也容易招致官方的限制和镇压，不利于道教的发展。孙恩起义失败后，南北朝时期，一些出身上层士族的道教徒便出来改造五斗米道，力图使之成为能为统治阶级服务的官方宗教。寇谦之便是南北朝道教改革的重要代表人物，他领导了"清整道教"运动。

寇谦之（365—448），字辅真，名谦，冯翊万年人。他出身士族，少年时好仙道，修炼张鲁的道术，服食饵药，很多年都没有效用，但据说他的诚心感动了仙人成公兴来降。有一天寇谦之去他的姨母家，见成公兴正佣耕力作，形貌很好，于是带回家中，让其开垦房子南边的荒地。后来寇发现成公兴精于《周髀》算术，要向他拜师学习。公兴曰："先生有意学道，岂能与公兴隐遁？"寇很高兴地同意了，于是二人就一起入华山修道。后来又到了嵩山，隐居在石室内，采药服食。前后共七年，据说成公兴谪降期满，尸解成仙，飞升而去。

之后，寇谦之继续在嵩山修道，精益求精，专心不懈。北魏神瑞二年（415 年），据说寇谦之忽然遇上太上老君降临，老君对他说："往年嵩山山神上奏天庭，说自从天师张陵去世后，地上人间修道的人没有老师可以向之学习，现在有个嵩山道士寇谦，他立身直理，堪处师位。我正是来把天师的职位授给你，赐给你《云中音诵新科之诫》二十卷。你要宣扬我的新科律，清整道教，除去三张伪法、租米钱税制度及男女合气之术，把礼度放在首位，并加以服食闭炼。"这一段老君降临的故事，当然是寇自己编造的神话，他的目的就是假托神意来改造三张旧五斗米道的道法，革去收取租米钱税制度与男女合气之术等，而代之以儒家礼教制度和神仙道教的服药养生之术。这些新道法显然更符合统治阶级的需要。

北魏泰常八年（423 年），寇谦之又假托老君玄孙李谱文降临，授给他《录图真经》60 卷，让他"辅佐北方泰平真君"。第二年，寇从嵩山前往北魏首都平城（今山西大同），献上《录图真经》，又通过司徒崔浩的推荐，得到魏太武帝的赏识。太武帝派使者去嵩山祭祀神仙，并迎接寇谦之在山中的弟子来平城。于是宣布崇奉天师，显扬新法，为寇在平城东南建立大道坛，并为 120 个道士提供衣食，斋肃祈请，六时礼拜，每月安排几千人厨会。440 年，寇请求为太武帝在嵩山祈福，据说因此感通老君，老君授帝"太平真君"之号及冠服符箓。这年北魏改用太平真君年号。

寇谦之领导的这场"清整道教"运动使北方的道教组织进一步完善，教义更符合封建统治阶级需要。经寇谦之整顿过的五斗米道亦称"北天师道"或"新天师道"，在太武帝一朝处于鼎盛状态，当时寇谦之被太武帝尊为国师，每有军国大事，常向他询问"天意"。他的新天师道在北魏兴盛了 100 多年。太武帝死后，北天师道势力有所下降，但仍保持了官方宗教的地位。442 年，魏太武帝又亲至天师道坛接受道教符箓，成为道教信徒。此后北魏历代君主即位后都要去道坛受符箓，成为惯例。北魏孝文帝迁都洛阳，仍然在南郊立道坛供奉。直到 548 年北齐襄王高澄代魏自立，才罢废天师道坛。北齐天保六年（555 年），因为道士在与和尚的论战中失败，齐文宣帝下令废道，让道士剃发为僧，自此北天师道的活动不再见于史籍。

另一次五斗米道大规模改革是在刘宋时代，江南道人陆修静重整南方天师道组织，规定神职人员的升降制度，为教民置治录籍，规定斋戒科仪。经陆修静整顿的南方五斗米道组织被称为"南天师道"。不过由于南方上清、灵宝两派比较兴盛，南天师道活动逐渐变得不明显。元代以后，南天师道与上清、灵宝同并于正一道。

北朝继新天师道之后兴起的还有楼观道。该派奉太上老君和关令尹喜为祖师，以传说老子为关令尹喜讲授《道德经》的陕西楼观台为中心。这一派的创始人是西晋道士梁堪，经过长期发展，在北朝后期即西魏北周时形成大的教团。进入隋唐后，由于统治阶级的支持，楼观道与南方的上清派成为道教主要流派，而三张系统的天师道反而衰落不显，直到北宋时天师道才重新得以兴盛起来。

王重阳与全真道

在唐代和北宋，道教由于得到统治者的支持扶助而兴盛，充当了维护封建统治的精神工具。北宋灭亡后，中国北方长期处于异族的统治下，民族矛盾空前尖锐，汉族地主知识分子及普通大众需要新的宗教作为精神支柱，而且入元以后，元统治者面临如何争取汉族士人支持的问题而对道教亦同样表示崇奉，再加上北宋以来三教合一思潮和道教内丹术发展的影响，金元时期，道教内部发生重大变革，出现了太一道、真大道、全真道等新的道派，其中全真道对后来道教的发展影响最大。

全真道的创始人是王重阳，也就是王喆，字知明，号重阳子，陕西咸阳刘蒋村人。王重阳生于北宋政和二年（1112年），他们家累世是当地的豪门大户。王重阳早年是个儒生，擅长写文章和骑马射箭。金代初年曾应武举试，做过小吏。后来他自叹怀才不遇，辞官回归到乡里，因为行为特别狂放，不治家业，乡人给他起了个绰号"王害风"（意为疯子）。金正隆四年（1159年），王重阳自称在甘河镇酒肆中遇到了两个仙人，仙人传授金丹口诀给他，之后他就抛弃了妻儿悟道出家，在终南山里挖了一个穴室居住，号称"活死人墓"。后来他又回到刘蒋村建了一个茅庵居住，修行传道。但是因为乡人不理解他的狂放，就在金大定七年（1167年）放火烧了他的茅庵，于是他往东行走出了潼关，身上带了个铁罐，沿途乞化，到山东传教去了。

金大定七年（1167 年），王重阳来到山东，先后在文登、宁海、福山、登州（今蓬莱）、莱州（今掖县）等地建立了五个教会，即三教七宝会、三教金莲会、三教三光会、三教玉华会、三教平等会，传教说法。凡是建立教会都将"三教"两个字放在最前边，并规定把《道德经》、《般若心经》、《孝经》作为教徒必修经典，突出全真教融合儒、释、道的特点。他的传世著作有《重阳全真集》，内收传道诗词千余首，另有《重阳立教十五论》、《重阳教化集》、《分梨十化集》等，均收入《正统道藏》。

跟从王受教的弟子很多，其中最著名的就是所谓的"全真七子"：马钰，号丹阳子；谭处端，号长真子；刘处玄，号长生子；丘处机，号长春子；王处一，号玉阳子；郝大通，号广宁子；孙不二（马钰之妻），号清静散人。"全真七子"是全真道早期的重要骨干。

王重阳"化行山东"，在大定九年（1169 年）率领马、谭、刘、丘西归。走到汴梁的时候，王在旅馆中病倒，第二年正月去世。大弟子马钰继传全真道，并按王重阳的遗嘱在大定十二年（1172 年）与谭、刘、丘等人一同护送师父灵柩回到陕西，将其安葬在他的故里刘蒋村故庵（今陕西户县祖庵镇），金章宗赐庵名为灵虚观，后来元太宗加封为重阳万寿宫，全真道尊为祖庵或祖庭。至元六年（1269 年）王重阳被元世祖忽必烈封为"重阳全真开化真君"。马、谭、刘、丘四人庐墓三年后，各自分散继续传教，七大弟子分别在秦、冀、鲁、豫等地修炼、传教，而以马钰所活动的关陕一带为传播中心。马钰掌教时期，遵行"以无为为主"的教旨。所谓无为，指全真道的个人内修之"真功"，即以很大精力从事个人修炼，而不以太多的精力与时间去发展教徒，营造宫观。这个时期他们大多过着清修苦炼、云游乞食的生活，但却逐渐吸引了一部分信徒，也赢得了一些中下层官吏的敬信和保护。此时与金廷上层统治者也无直接关系，组织规模和力量也比较小。

自刘处玄于金大定二十六年（1186 年）、丘处机于金泰和四年（1204 年）相继掌教以后，才逐渐重视创立宫观和收徒活动。刘处玄遵行的教旨是"无为、有为相半"，至丘处机则"有为十之九，无为虽有其一，犹存而勿用焉"。所谓有为，即指创观收徒活动。在此时期，他们以山东半岛为活动中心，收了相当数量的信徒，建造了一批宫观，从而引起了金廷的重视。皇帝的一再征召问道，抬高了全真道士的身价，促进了全真道的发展。经过二三十年的发展之后，全真道组织已具有相当的规模，在鲁、豫、秦、冀等地，已有了相当深厚的组织基础。

金元之交，直至南宋覆灭的数十年间，是中国大地铁骑纵横、战火纷飞，生灵涂炭的苦难年代，但也是全真道的鼎盛时期。鼎盛局面的积极推动者为丘处机，转变的契机则是成吉思汗对他的召见。全真道大建宫观、广收门徒的活动，是从丘处机住长春宫开始，这个活动一直持续到尹志平、李志常掌教期间。

在丘处机的"立观度人"的号召下，大约经过 30 年的经营，全真道的宫观、弟子遍布于河北、河南、山东、山西、陕西、甘肃等广大地区。

尽管尹志平利用宗教的号召力，为元统治者效劳，但因其影响过大，却引起元统治者的猜忌。因此在元宪宗时期的佛、道"化胡经"之争中，元统治者持明显的袒佛立场，使全真道在宪宗八年（1258年）和至元十八年（1281 年）的佛道大辩论中两次败北，予全真道以沉重的打击。全真道发展的鼎盛局面，亦随之宣告结束。

自元宪宗八年（1258 年），全真道在"化胡经"斗争中失败以后，处境十分困难，教徒的发展受到限制，斋醮被禁止举行。中经张志敬、王志坦、祁志诚、张志仙四人相继掌教，一直处于发展的低谷。直至成宗即位后的元贞元年（1295 年），始宣布大弛禁："梗其道者（指权臣相哥）除之，取其业者（被僧人侵占的宫观）还之"，方使全真道从艰难处境中解脱出来。

全真道的发展尽管有低谷，但并没有停滞。元朝实现了南北统一，为原在北方的全真道提供了南传的条件，当然也为原在南方的道教南宗提供了北上的机会。据说，最早进入黄河以南传道的全真道士是吉志通，他是陕西郃阳人。"师乔潜道及潘清容，博学多闻。后居武当山，十年不火食。"乔潜道于中统甲子（1264 年）逝世。乔潜道是马钰弟子，吉志通即是马钰之再传。武当山成为全真道的重要活动场所。继武当山之后，全真道继续南传至苏、浙、闽、赣等地区，如居江苏仪征（或谓居凤阳盱眙）的李道纯，居浙江杭州的徐弘道、丁野鹤、黄公望，居浙江黄岩委羽山的赵与庆，活动于江西、福建一带的金志扬、桂心渊，以及活动于江西、浙江、福建一带的李珏、陈致虚一系等。他们大多是南宗道士而加入全真道者。

全真道的南传，使原来互相隔绝但却同源于钟吕金丹派的南、北二宗（南宗与全真道）增加了接触的机会。由此经过接触，彼此认同，逐渐产生了合为一宗的要求，特别是组织松散、势力弱小的南宗更有会归全真道的愿望。大约在元代中后期完成了二宗的合并。

全真道除合并南宗以外，元代中后期又合并了真大道、楼观道和部分净明道，成为唯一的一个丹鼎大派，与符箓大派正一道平行发展。

自元成宗即位，解除了对全真道的禁令以后，苗道一、孙德彧、兰道元、孙履道、完颜德明等相继掌教。自苗道一起，每任掌教皆授封为真人、演教大宗师、知集贤院道教事。他们在此褒封宠遇下，都相继由清静恬淡之士变为道士官僚。他们所居之地已是京城的雕梁画栋的豪华宫室。平时所为，除为皇室建斋祈福外，则是忙于与通显豪家相往还。有人称全真道上层的这种变化为"末流之贵盛"。上层贵盛了，教务却随之退步了。前期人才济济的景象不存在了，渐显出人才凋零的景象，前期那股朝气不见了，渐显出衰老的暮气来。

入明以后，全真道步入衰落时期。全真道首领并不住在白云观，出现群龙无首的局面。

在上述情况下，全真道分裂为诸多小派独自进行活动，其正宗为"七真派"，即宗丘处机的龙门派，宗刘处玄的随山派，宗谭处端的南无派，宗马钰的遇仙派，宗王处一的嵛山派，宗郝大通的华山派，宗孙不二的清静派。其中以龙门派势力最大，记载也较多，其余六派所知甚少。至清初，龙门派经王常月之中兴，龙门派更盛于其他各派。除此全真嫡系七派外，又有明初张三丰所传的支派，万历间陆西星所传内丹东派，清嘉道间李西月所传内丹西派，皆属全真道之旁系。以上派系再经发展，在明清时期，又分化出更多的小派。据《诸真宗派总簿》所载，即有八十六派（含全真、正一两系），每派均有取名排辈用字。派系的繁多显示了全真道的衰微。

王重阳开创的全真道，是南宋以后最重要的道教派别之一，他的教义较旧天师道有不少创新。首先，全真道受宋代"三教合一"思潮影响，在理论及修行方面标榜"三教圆融"，声称"儒门释户道相通，三教从来一祖风"。本来儒释道之学各有其宗旨，宋儒主"理"，禅宗主"性"，道教主"命"，但全真道认为"天下无二道，圣人不两心"，三教之学皆不离"大道"，归根到底统一于"道德性命之学"。因此王重阳主张创立一种使三教融会贯通的"性命之道"，即全真道。全真之意为"全其本真"，即保全作为人性命之根本的精、气、神三要素，使不亏损玷污。"全精、全气、全神"是全真道追求的最高神仙境界。

其次，全真道在修持方法上不崇尚符箓，不事黄白炼丹之术，而师法唐末北宋以来新兴的道教钟吕金丹派方术，即内丹术。内丹术是与"外丹"相对的一种"内修"功法，由道教早期房中、胎息、思神等养生方术发展而来，以人体自身为炼丹炉鼎，以体内的精、气、神为药物，通过意念导引使药物在体内循环烹炼，阴阳和合，最后精、气、神在人体丹田中凝结成金丹（或称圣胎），即可长生不死，飞升成仙。不过全真道认为传统道教的养生功法还只是"命功"，因此又吸收佛教禅宗"明心见性"之说，主张"性命双修"。性命双修说在王重阳以前的北宋道士张伯端《悟真篇》一书中已有论述，不过张氏主张先修道教命功，后修禅宗性功。全真道则主张先性后命，以性为主，以诚心静意、修真养性为修道成仙的正途。总之，性命双修、苦炼心性是全真道修行宗旨。

全真道要求其信徒必须有克己忍辱，清修自苦精神。"其修持大略，以识心见性，除情去欲，忍耻含垢，苦己利人为宗"。因此规定道士必须出家住宫观，遵守严格的清规戒律，不娶妻室，不茹荤腥，不雕梁峻宇，剪除念想，超脱欲界，苦志多年，积功累行，内而修己，外而济世，如此才能超凡入圣。全真道的祖师王重阳及七大弟子，大体都能保持这种自甘勤苦，自放草泽，安贫守苦的"全真精神"。这种精神作风固然有受宋代理学"存天理，灭人欲"说教影响的痕迹，但也是对唐宋以来某些道士结交权贵，奢侈放荡之风的革新。

道教的中心
——北京白云观

　　道教全真第一丛林——北京白云观位于北京西便门外，是道教全真三大祖庭之一。北京白云观的前身是唐玄宗时建造的玄元皇帝庙。开元二十九年（741 年），唐玄宗为"斋心敬道"，奉祀老子，"诏令两京及诸州各置玄元皇帝庙一所"。玄元皇帝即老子，被李唐朝廷推为远祖，这原是一所专奉老子的皇家祖庙。老子庙后改为"天长观"，建在幽州的天长观，屡毁屡建，后成为坐落在北京城西南隅的白云观。白云观内至今还有一座汉白玉石雕的老子坐像，据说是唐代遗留下来的。

　　金正隆五年（1160 年），天长观遭火灾焚烧殆尽。金大定七年（1167 年）敕命重修，历时七年，到大定十四年（1174 年）三月终于竣工，同年，金世宗赐名天长观"十方大天长观"，它由此成为当时北方最大的丛林制道观，并且已经不是单独供奉老子，而是发展为奉祀三清、玉皇等。因为是道教丛林，而且藏有《大金玄都宝藏》，所以当时的高道，如真大道教创始人刘德仁、全真七子中的丘处机、王处一等人，都曾到这里访问道学，参悟玄理，在当时影响一时盛极。那时的"十方大天长观"，俨然成为北方的道教中心。但是在 1202 年，十方大天长观又不幸毁于火灾，第二年奉敕重建为太极殿。金宣宗贞祐二年（1214 年），国家局势衰微，将首都迁往汴，于是太极殿也逐渐荒废了。

金世宗时，王重阳创立全真道。全真道初兴的时候，只是当时的民间宗教组织之一，陈垣先生《河北新道教考》说："全真之初兴，不过'苟全性命于乱世，不求闻达于诸侯'之隐修会而已。"全真道后来之所以大大兴盛起来，而且与南方正一道并列为两大道派，离不开丘处机的弘扬之功。丘处机是全真龙门派祖师，白云观则是龙门派的发祥地。

丘处机出身于山东栖霞县大族人家，19岁时师事王重阳，号长春子。王重阳羽化后，丘处机继承并传扬王的教化，在当时颇有名望。1186年，金世宗诏令丘处机奔赴燕京，就馆于十方大天长观。后来金章宗元妃又把《大金玄都宝藏》赠送给他。贞祐二年（1214年）山东有人发兵作乱，丘处机请命前往山东平定战乱，他所到之处，作乱的人都放下了武器，于是登州、宁海二州得以安宁。从此以后，丘处机声望越来越盛，俨然为北方玄门领袖。1219年，丘处机应成吉思汗诏，慨然率领十八弟子北行，途经沙漠，屡阻兵锋，历时四年，最终抵达大雪山。当时成吉思汗正想要西征，每天忙于攻战之事，丘处机进谏说："欲一天下者，必先在乎不嗜杀人。"而且告诉他政治在于以敬天爱民为本。在西行途中，丘处机曾赋诗："十年兵火万氏愁，千万中无一二留……不辞岭北三千里，仍念山东二百州。事急漏诛残喘在，早教身命得消忧。"以此抒发其西行止杀之情。

1224年，丘处机从大雪山回到大都，居住在太极殿。当时宫观一片凄凉，遍地是瓦砾，于是长春真人命弟子王志谨主领兴建，历时三年，殿宇楼台又焕然一新。元太祖二十二年（1227年）五月，成吉思汗敕改太极殿为"长春观"。七月，丘处机仙逝于长春观。次年，长春真人高徒尹志平在长春观东侧下院建处顺堂，以安厝丘处机的灵柩。从此全真龙门派就在这里演其教法，在北方道教中具有不可替代的地位。

元末，连年争战，长春观原有的殿宇日渐衰圮。明初，以处顺堂为中心重建宫观，并易名为白云观。明王朝尊重南方正一道，白云观曾一时衰落。清初山西人王常月来居白云观，在他的主持下，对白云观又进行了一次大规模的重修，基本奠定了今天我们看到的白云观的规模。王常月公开传戒，受戒的龙门派弟子得到他的教法后广传各地道观，也就是全真教徒，绝大多数都属龙门派。又因为白云观是龙门派祖庭，各地访道者相继来到这里，白云观成为传道布教的中心。白云观现存观宇是清康熙四十五年（1706 年）重修后的。

新中国成立后，中国道教协会、中国道教学院和中国道教文化研究所等全国性道教组织、院校和研究机构先后设在这里。政府曾对白云观多次整修。1957 年中国道教协会成立，会址设于白云观。自此，白云观成为全国道教的中心。它作为北京市一大名胜，每年春节及丘处机诞辰，观中举行庙会和醮事，参加者熙来攘往。

白云观的建筑分中、东、西三路及后院，规模宏大，布局紧凑。以山门外的照壁为起点，依次有照壁、牌楼、华表、山门、窝风桥、灵官殿、钟鼓楼、三官殿、财神殿、玉皇殿、救苦殿、药王殿、老律堂、丘祖殿和三清四御殿。

照壁，又称影壁，位于观前，正对牌楼。壁上嵌有"万古长春"四个大字，为元代大书法家赵孟頫所书。其字体遒劲有力，令人叹赏不绝。

牌楼，原为棂星门，是观中道士观星望气之所。后来棂星门演变为牌楼，已失去原来的观象作用。此牌楼建于明正统八年（1443年），为四柱七层歇山式建筑。

山门，为石砌的三券拱门，三个门洞象征着"三界"，跨进山门就意味着跳出"三界"，进入神仙洞府。山门石壁上雕刻着流云、仙鹤、花卉等图案，刀法浑厚，造型精美。中间券门东侧浮雕中隐藏着一个巴掌大小的石猴，已被游人摸得锃亮。老北京有这样的传说："神仙本无踪，只留石猴在观中。"这石猴便成了神仙的化身，来白云观的游人都要用手摸摸它，讨个吉利。观内共有小石猴三只，分别藏在不同的地方，另外两只石猴刻在山门西侧的八字影壁底座和东路雷祖殿前九皇会碑底座，若不诚心寻找，难以见到，故有"三猴不见面"之说。

窝风桥，建于清康熙四十五年（1706 年），后毁坏，1988 年重建，为南北向的单孔石桥。桥下并无水。桥洞两侧各悬一枚古铜钱模型，刻有"钟响兆福"四字，钱眼内系一小铜钟。那么，为什么要修建一座桥呢？据说，由于北方风猛雨少，观外原有座"甘雨桥"，人们便在观内修了这座"窝风桥"，两座桥象征风调雨顺之意。另有一说为纪念全真道创始人王重阳而建，据说王重阳弃家出游，在陕西甘河桥遇异人授予他修炼真诀，于是出家修道，创建全真道。后世全真弟子修建"甘河（干河）桥"以为纪念。灵官殿，主祀道教护法神王灵官。神像为明代木雕，高约 1.2 米，比例适度，造型精美。红脸虬须，怒目圆睁，左手掐诀，右手执鞭，形象威猛。其左边墙壁上为赵公明和马胜画像，右边墙壁上为温琼和岳飞画像，这就是道教的四大护法元帅。钟鼓楼，在建筑布局上与其他宫观的钟鼓楼截然相反，其钟楼在西侧，鼓楼在东侧。据称，元末，长春观殿宇大都倾圮，明初重建时，以处顺堂（今丘祖殿）为中心，保留了原来的钟楼，在钟楼之东新建鼓楼，故形成了今日所见之格局。

三官殿，奉祀天、地、水"三官大帝"。传说天官赐福，地官赦罪，水官解厄。财神殿，供奉三位财神，中为春神青帝，左为财神赵公明，右为武财神关羽。赵公明，亦称赵公元帅，元始天尊封为正一龙虎玄坛真君，统领招财、进宝、纳珍、利市四神。于是成为民间广泛供奉的财神。关羽，即关圣帝君，被民间广泛信仰，管辖范围极广，是一位全能之神，财神只是其形象之一。玉皇殿，奉祀玉皇大帝。神像为明代木雕，高约 1.8 米，身着九章法服，头戴 12 行珠冠冕旒，手捧玉笏，端坐龙椅。神龛前及两边垂挂着许多幡条，上面绣有许多颜色各异的篆体"寿"字，一共是 100 个，故称为"百寿幡"。左右两侧的六尊铜像均为明代万历年间所铸造，他们即是玉帝阶前的四位天师和二侍童。殿壁挂有南斗星君、北斗星君、三十六帅、二十八宿的绢丝工笔彩画共八幅，均为明清时代佳作。救苦殿，奉祀太乙救苦天尊。天尊骑九头狮子，左手执甘露瓶，右手执宝剑。据道经说：太乙救苦天尊是天界专门拯救不幸堕入地狱之人的大慈大悲天神。

药王殿，奉祀唐代著名道士、医学家孙思邈。他著有《千金要方》，在中国医学和药物学方面做出了极大贡献，因而被后世尊称为药王。

老律堂，原名七真殿，供奉全真七子，即全真派祖师王重阳的七大弟子：中座为丘处机，左边依次为刘处玄、谭处端、马钰，右座依次为王处一、郝大通、孙不二。清代高道王常月曾奉旨在此主讲道法，开坛传授戒律，求戒弟子遍及大江南北，道门玄风为之一振。后世为纪念这一盛事，便将七真殿改称"老律堂"，即传授戒律之殿堂。老律堂建筑面积较大，是观内道士举行宗教活动的地方。每天早晚道士们都要来到这里上殿诵经，逢道教节日或祖师圣诞，要在这里设坛举行斋醮法会。丘祖殿，奉祀全真龙门派始祖长春真人丘处机。殿内正中摆放着一个巨大的"瘿钵"，系一古树根雕制而成。此钵为清朝雍正皇帝所赐。传说观内道士生活无着落时，可抬着此钵到皇宫募化，宫中必有施舍。丘处机的遗蜕就埋藏于此"瘿钵"之下。三清四御殿，为二层阁楼，上层奉三清，下层奉四御。三清像为明朝宣德年间所塑造，高 2 米余，神态安详超凡，色彩鲜艳如初，富丽而又不失古朴。四御即辅佐玉皇大帝的四位天帝：勾陈上宫天皇大帝、南极长生大帝、中天紫微北极大帝和后土皇地祇。这些都是清代中期泥塑金漆沥粉造像，高约 1.5 米。殿前院子中的鎏金铜鼎炉，为明嘉靖年间所铸造。香炉造型浑厚，周身雕铸着精美的云龙图案，共有 43 条金龙。藏经楼、望月楼两楼为三清阁两侧配楼，有游廊相通。东侧藏经楼原藏有明版《道藏》，包括正统十年（1445 年）编写的《正统道藏》和万历三十五年（1607 年）编写的《万历续道藏》，共计

5485卷，为道教经典的总集。每年旧历六月初一至初七，白云观都要举行晾经会，将经书统统搬出，放于通风处翻晒，以防书蠹。现存此处的为复印本，原版于1950年移交北京图书馆（现国家图书馆）保存。西侧望月楼又称"朝天楼"。白云观西路有神特、祠堂院、八仙殿、吕祖殿、元君殿、文昌殿、元辰殿等。进入西院，首先映入眼帘的是一匹酷似骏马的铜兽，走近细看，其造型竟为骡身、驴面、马耳、牛蹄，因此，很多人称它为"四不象"。其实，它的名字叫"特"。传说它是一种神兽，具有奇特的功能，人哪儿不舒服，只要先摸摸自己，然后再摸摸它的相同部位，即可手到病除。祠堂院建于清朝康熙四十五年（1706年），堂上奉祀全真龙门派第七代律师王常月坐像，堂下埋藏其遗蜕。堂内左右室墙壁上嵌有元赵孟頫书《道德经》、《阴符经》石刻，为白云观之珍宝。八仙殿建于清嘉庆十三年（1808年），殿内奉祀钟离权、吕洞宾、张果老、曹国舅、李铁拐、韩湘子、蓝采和、何仙姑等八位道教仙人。吕祖殿建于清朝光绪年间，殿内奉祀吕洞宾祖师。吕洞宾是八仙中影响最大，传闻最广的一位仙人。他周游天下，化度世人，或隐或显，世莫能测。元君殿奉祀道教女神，中座为天仙圣母碧霞元君，左座分别为催生娘娘和送子娘娘，右座分别为眼光娘娘和天花娘娘。过去妇女们最担心的就是不育、难产，产后又担心婴儿出天花、闹眼疾、夭折或落下残疾，而这里的四位娘娘正好掌管这一切，故而香火非常旺盛。文昌殿奉祀掌管人间科名禄位的文昌帝君。元辰殿俗称"六十甲子殿"，奉祀六十甲子神和斗姥元君。六十甲子源于中国古代的干支纪年法，即是用十天干（甲、乙、丙、丁、戊、己、庚、辛、壬、癸）与十二地支（子、丑、寅、卯、辰、巳、午、未、申、酉、戌、亥）循环相配，由甲子起，至癸亥止，一个周期刚好为60年，故名"六十甲子"，意为60年另起一甲子。六十甲子神为60位星宿，轮流值年，掌管一年之事。值年神，又称太岁神，如某人出生在哪一年，那么当年值班之神就是某人的本年神（本命太岁）。六十甲子神都各有名号，如甲子年出生的人，他的本命神就是甲子太岁金辨大将军。相传礼拜本命神，就可获其护佑，百恶皆伏，所行大吉。

白云观东路有罗公塔、三星殿、慈航殿、真武殿和雷祖殿。罗公塔位于东北角塔院内，造型为八角形，三蹭砖石结构。原塔前还有供奉罗公像的"罗公前殿"和"白云观重修碑"、"罗真人道行碑"、"粥场碑记"、"云溪方丈功德碑"四块石碑，现仅存罗公塔。罗公为江西人，康熙年间来京，常住白云观，雍正五年（1727年）逝世，被雍正帝敕封为"恬淡守一真人"。民间传说罗真人创造了剃头理发的工具和按摩术，传入皇宫后得到雍正帝的赞赏，旧时理发行业尊奉罗真人为祖师爷。三星殿，清朝时为"华祖殿"，奉祀神医华佗。2000年重修后改为"三星殿"，奉祀福、禄、寿三星真君神像。慈航殿在清朝时为"火祖殿"，奉祀火德真君。2000年重修后改为"慈航殿"，奉祀慈航天尊（佛教称为观音菩萨）。真武殿，始建于清朝乾隆年间，2000年重修，奉祀真武大帝。雷祖殿建于明英宗正统三年（1438年），所奉主神为九天应元雷声普化天尊，陪祀风、雨、雷、电四位雷部天将。殿内神像均为明代所铸铜像。白云观后院为一个清幽雅静的花园，名云集园，又称小蓬莱。它由三个庭院连接而成，游廊迂回，假山环绕，花木葱郁，绿树成荫。东有友鹤亭、云华仙馆，西有妙香亭、退居楼。花园的中心为戒台和云集山房。戒台为道教全真派传授"三坛大戒"（初真戒、中极戒和天仙戒）的坛场，云集山房为全真道律师向受戒弟子讲经说法之所。1989年，白云观举行了新中国成立以来首次全真派传戒仪典，盛况空前。

道教圣地
——武当山

武当山，又名太和山、谢罗山、参上山、仙室山，古有"太岳"、"玄岳"、"大岳"之称，位于湖北省西北部的十堰市丹江口境内，属大巴山东段。武当山西界堵河，东界南河，北界汉江，南界军店河、马南河，背倚苍茫千里的神农架原始森林，面临碧波万顷的丹江口水库。武当山是联合国公布的世界文化遗产地之一，是中国国家重点风景名胜区，同时也是道教名山和武当拳的发源地。

武当山道教始推于周代尹喜，据说尹喜曾归隐于武当山天门石壁下。汉代有马明生、阴长生师徒一同在武当山修道，后代有逸人高士隐在此处修行。

在北宋尚未出现玄武神话时，武当山已经成为道教的名山。武当山的名称在东汉时已有之。《后汉书》记载有朱穆隐居于武当山。南北朝时（386—582）郦道元（？—527）撰《水经注》，记载武当山又名太和山、参上山、仙室山、谢罗山等。道教称仙人所居的地方为洞天福地，共有十大洞天，三十六小洞天，七十二福地。到了杜光庭（850—933）所编《洞天福地岳渎名山记》则将武当山列入七十二福地中的第九福地。由此可见最迟在 9 世纪末、10 世纪初，武当山已经成为道教的圣地之一了。

武当山成为祀奉玄武的圣地应该是在《元始天尊说北方真武妙

经》出现以后。玄武，是古代星宿崇拜的四方四神之一。二十八宿中，北方七星形似龟蛇，因为处北方，配黑色水，所以称"玄"，龟蛇身披鳞甲，所以为"武"。宣和年间（1119—1125），宋徽宗在武当山大顶之北创建紫霄宫祭祀玄武，这可能是武当山上首座以祭祀玄武为主的宫观。到了南宋，玄武的信仰已经非常普遍，玄武修道武当山的传说已经深入民心。董素皇的《玄帝实录》对武当山有较详细的描述，说明了武当山的地理位置是在海外，位于翼轸二星的下方，而且增加了玉清圣祖紫元君传授玄武道法，命他到武当山修行的情节。《玄帝实录》记载："王子（玄武）15 岁辞父母，离宫寻访幽谷。于是感动玉清圣祖紫元君授无极上道。元君曰：子可越海往东，在翼轸之下有山……子可入是山，择众峰之中冲高紫霄者居之……王子乃依师语，越海东，果见师告之山。山水藏没，有七十二峰，一峰耸翠，上凌云霄，当阳虚寂。于是采师之诚，目山曰太和山，峰曰紫霄峰，岩曰紫霄岩，因卜居焉。潜虚玄一，默会万真，四十二年，大得上道……"

宋元交兵之际，均州也遭兵灾，武当山的宫观受到严重的破坏。例如紫霄宫在 1260 年以后已杳无人迹。1269 年冬天，有龟蛇出现在燕京西郊高梁河，众人以为是玄武显灵，象征元王朝国运兴隆，元帝室因而崇奉玄武。1270 年在高梁河筑昭应宫以祭祀玄武。

道士汪贞常入武当山，于 1275 年率领徒众鲁大宥等人重建五龙观。1278 年以道法术数著名于世的道士赵守节，领其徒重修武当佑圣观。1286 年元世祖忽必烈命法师叶希真、刘道明、华洞真充任武当山都提点，并屡降御香至武当山祝愿祈福。

元代，武当山因帝王的崇拜及诸道士的经营使香火更加兴盛，玄武与武当山的关系传说也有新的发展。刘道明撰《武当福地总真集》对武当山名称的由来提出了新的看法。他认为武当山原名太和山，由于玄武在此修道成功，飞升之后，此山非玄武不足以当之，而改名为武当。其书中充满了玄武在武当山修道降魔的遗迹。据《五龙观记碑》所载，五龙观兴建的原因是由于姚简到武当山祷雨有验，将此灵异奏闻唐太宗。太宗降旨在武当山建观以表其圣迹。南宋末年，王象之等附会五龙观为玄武隐居的地方。刘道明更据此而编造出玄武得道飞升的时候，有五条龙掖驾上升，所以在他旧隐的地方建五龙观以祭祀之。后来《玄天上帝启圣录》中添饰了玄武修道历经考验的情节，使玄武的传记更符合道教神仙传记的惯用结构，即修道者从开始修道，历经考验，最后升登仙界，而且新增加的情节都注明有遗迹。

武当山道教鼎盛于明朝，这与燕王朱棣篡夺帝位，极力提倡真武信仰有直接关系。恰逢其时，武当山又有著名道士张三丰，善武术击技，武当山道教乃盛极一时。北宋时因避讳将"玄武"改为"真武"。明初建文帝用齐泰等人谋划，削夺诸藩，燕王朱棣兴师反抗，史称"靖难"。但朱棣是以一藩王去讨伐天子，在名位声势上都不利，所以要借助神威。真武神镇守北天，也就被当成北方燕王朱棣在天国的声威投影。据说当时塑造的真武神像，就酷肖朱棣。夺取帝位后，明成祖朱棣念真武神阴助之功，于永乐十二年（1414 年）在北京建真武庙。永乐十六年（1418 年），武当山的道教宫观建成，赐名"太岳太和宫"，奉真武大帝，武当山也被尊为太岳、元岳。永乐年间，在武当山大兴土木，形成"十里一庵十里宫，丹墙翠瓦望玲珑"的局面。从永乐十一年（1413 年）到十六年（1418 年），在武当山兴建或重建的有金殿及紫禁城，又有太和宫、紫霄宫、南岩宫、五龙宫、五虚宫、遇真宫、净乐宫、复真观、元和观，后又兴建迎恩宫，另外建有三十六庵堂、七十二岩庙、十二亭、三十九桥。

关于武当内家拳的创始人张三丰，也有北宋人和明初人两种说法。张三丰创内家拳的来历，也有两说：一说他夜梦真武神传授拳法，天亮后，一人杀贼百余，于是以武术击技名世；一说张三丰曾观察鹊蛇相斗，鹊从树上翩然下击蟠地长蛇，长蛇静中忽动，闪避有方，于是他大悟以静制动、以柔克刚的道理。武当拳既是武术击技，又融会了道教以柔弱胜刚强、处慈守柔等教义。从习练功夫看，贯通了道教凝神专意、意气互用等修持方法。武当拳法剑术，后来成为道教徒宗教修行、体悟教义的重要内容，又用以健体强身，流传于民间，影响很大。

道教徒之所以选择武当山为玄武修道的圣地，乃由于武当山在唐末五代以来，已成为道教的仙境福地之一，再加上武当山的名字与玄武都有"武"字，便附会玄武曾修炼于武当山。

中国的伊斯兰教

　　中国的伊斯兰教有悠久的历史。在中国,伊斯兰教也被称为回教,这是因为中国的回族民众多信奉伊斯兰教。据考,伊斯兰教传入中国已有1300多年的历史。伊斯兰教传入中国的路线有两条:一条是自西亚、中亚经陆上丝绸之路传入;另一条是经西亚、北非、东非经海上丝绸之路,从中国的广州、泉州等口岸传入。

　　伊斯兰教分逊尼派和什叶派两大宗派,中国的伊斯兰教主要是逊尼派。中国许多少数民族信奉伊斯兰教,在回族、维吾尔族、塔塔尔族、塔吉克族、柯尔克孜族、哈萨克族、乌孜别克族、东乡族、撒拉族、保安族等民族的1700多万人口中,多数信仰伊斯兰教。

元代以前的伊斯兰教

　　伊斯兰教传入中国的起始时间，学术界有不同说法，但毫无疑问，在唐代已经进入中国。《旧唐书》和《册府元龟》都记载唐永徽二年（651年）大食始遣使朝贡。史学界大多据此定为伊斯兰教传入中国的标志。

　　唐宋时期，哈里发帝国与中国都是经济繁荣之地。横贯东西的丝绸之路和海上的香料之路，使两地保持着频繁商业往来。大食使节和贡使不绝于史书。阿拉伯、波斯商人更是络绎不绝。他们来中国后大多集中在东南沿海的广州、泉州、扬州、杭州、明州，并深入内地的长安、汴梁等地，从事香料、象牙、珠宝、药材等的贩卖，并带回中国的丝绸、茶叶、瓷器和其他商品。中国称他们为"蕃客"、"胡贾"、"商胡"。有的获准在一些城市经商侨寓，叫做"住唐"。因而不少大食、波斯商人居留中土，长期不归。至晚唐，据麦斯欧迪在《黄金草原》中说，"广府城人烟稠密，仅仅统计穆斯林、基督徒、犹太人和祆教徒就有20万人"。在《中国印度见闻录》中，作者说，877年黄巢攻占广州时，"仅寄居城中经商的伊斯兰教徒、犹太教徒、基督教徒、拜火教徒，就总共有12万人被他杀害了"。后两个数字在中国文献中得不到佐证，人数可能有所夸大，但不会是杜撰。

　　唐代来华的穆斯林虽然人数不少，但多为经商侨居的"商胡"，或落籍中土的"贡使"和士兵，严格说来都不是中国穆斯林。史籍中记载他们"列市而肆"，"与华人杂处"，"婚娶相通"、"娶妻生子"，并且"举质取利"、"多占田，营第舍"，但对宗教信仰则没有明确记载。五代时，中国北部战乱频仍，与西北的陆路交往几乎断绝。东南沿海经济繁荣，海上贸易一直不断，闽广一带的景象不下于李唐盛世。这时内地出现一批有名望的"土生波斯"，沿海形成一个"蛮裔商贾"阶层。这说明唐代以来侨居的"商胡"落籍多年，繁衍后代，久留定居者日渐增多。

至宋代，来华穆斯林人数较唐代多，估计在几万至十几万人之间，分布在东南各商业中心，以从事海外贸易为主。他们的宗教活动显然远较唐代活跃，也有了具体的记述。如《程史》、《癸辛杂识》中谈到礼拜和礼拜堂、封斋日期和教历，以及殡葬礼仪等。不过，在总体上他们仍是侨居中土的"蕃客"，尽管有了"五世蕃客"、"土生蕃客"，他们的聚居区仍称蕃坊，由中国政府认可的蕃长管理。他们并不对外传教，宗教生活基本上局限于蕃商中间。伊斯兰教在中国教义不明，教名未定，不见于典籍，亦无汉文著译，基本上是个侨民的宗教。它既没有引起中国社会的特别注意，也免于与中国传统文化发生正面冲突。留居中国的蕃客子弟则存在"华化"倾向。五代、北宋之际，伊斯兰教从陆路传入中国西北边疆，这与9世纪中叶兴起的喀喇汗王朝统治者改宗伊斯兰教有关。据载，915年，萨图克·博格拉汗信奉伊斯兰教，并使喀喇汗王朝变成第一个信奉伊斯兰教的突厥王朝。伊斯兰教后分南北两路往东传播。南路进入英吉沙、叶尔羌，至宋末进入于阗，取代当地佛教的统治地位。北路由喀什传播到阿克苏、库车。12世纪中叶，西辽在中亚称雄，伊斯兰教仍有所发展，至元代前已发展到天山以北的游牧地区。

元朝时的伊斯兰教

　　蒙古部落在漠北的崛起，不仅对世界历史进程产生巨大影响，而且也开拓了伊斯兰教在中国传播的新时期。

　　首先，蒙古统治者奉行宗教兼容和信仰自由的政策，其出发点固然是利用宗教为统治者服务，但客观上却有利于伊斯兰教的传播和发展。在蒙古王族世代遵守的法令，即成吉思汗的札撒（法令）中，他命令一切宗教必须予以尊重，不得有所偏爱，还规定："免征托钵僧、诵《古兰经》者、法官、医师、学者、献身祈祷与隐遁生活者的租税和差役。""豁免各种庙和神的仆人的赋税并尊重之。"他以后的诸王基本遵循这一兼容并包的政策，宗教之间的仇杀、敌视遭到禁止，各教可以不受限制地发展，这样宗教之间相互渗透，使伊斯兰教在某些以前未能进入的地区得到传播。

　　其次，元代伊斯兰教在中国虽然尚无正式名称，但作为宗教已被人们所认识并得到社会的承认。唐宋时，伊斯兰教习称为"大食法"、"大食殊俗"，被视为胡商蕃客的传统礼俗。至元代，伊斯兰教已成为与佛、道、也里可温诸教并列的"清净"、"真教"。政府设有专门管理伊斯兰教事务的机构，称"回回掌教哈的所"，与专掌佛、道、也里可温的宣政院、集贤院、崇福司相似，但官秩品级要低于它们。哈的，即卡迪，伊斯兰教法官的阿拉伯语音译。哈的所的设置是伊斯兰教在元代作为宗教深入传播的标志。最初设置的哈的所,由"诸哈的大师"为国祈福,祝圣延寿,并掌教念经的。它主管穆斯林之间的诉讼,后终因涉及"刑名、户婚、钱粮、词讼"等而被撤销。元代可能已有"回回教"、"回回教门"的通称,但未见于正式文献。回回教一名最早见于元末明初叶子奇的《草木子》。

再次,穆斯林大批进入中国,不受限制地至各地自由居住,开始于蒙古西征之后。在西征中,每攻略一地,蒙古统治者则将大批中亚、波斯和阿拉伯人迁徙东来,其中有被签发的军士、工匠,被掳掠的妇孺百姓,也有携带部属投顺的上层分子,以及自愿投奔和东来经商的人士。这些人在元代官方文书中被通称为"回回",列为当时的"色目"人的一部分。

元代色目人社会地位较高,多数视中国为家,变侨寓为永居。故《癸辛杂识》说,"今回回皆以中原为家,江南尤多"。他们的分布由沿海和边境而逐渐深入内地,大部分聚居西北,一部分移居江南,继而遍及华北和云南。他们仍以善于经商著名,但已建立以农业为主的经济体制,成为中国社会的一个组成部分。这些穆斯林社团的宗教生活,可由普遍兴建的清真寺得到证明。元至正八年(1348年)定州《重建礼拜寺记》说,"回回之人遍天下","近而京城,外而诸路,其寺万余,供西向以行拜天之礼"。礼拜场所由"堂"称"寺",大概始于元代,是得到官府承认的标志。而且在清真寺内,据碑文记载,设有教长,称摄思廉(伊斯兰长老)或主持;领拜人,称益绵(伊玛目)或住持;劝教人,称哈梯卜(海推布)或协教;宣礼员,称漠阿津(穆安津)或唱拜者;执掌寺务的,称没塔完里(管事乡老)或都寺。这说明在中国穆斯林社团中,宗教的管理和组织制度正在形成。不过,元代没有出现翻译经典、阐扬教义的记载。"无人以中国文字解说回教教义与礼节者"。官方文献中的"回回"、"答失蛮"、"木速蛮"等称呼,既无宗教与民族的区分,也未弄清宗教学者、修道者和一般信徒的不同。在元代中国,伊斯兰教仅以礼仪和教法的遵循，生活习俗的坚守，血统的遗传，语言的学习和经典的口头传授等为传播方式，主要在穆斯林内部信奉。

最后，在西北边陲，伊斯兰教有了进一步的发展。元朝后期，秃黑鲁帖木儿登上东察合台汗国汗位后，在哲马鲁丁和沙都丁父子的影响和劝谕下，成为新疆地区第一个信奉伊斯兰教的察合台汗王。他派遣和卓、伊玛目往各地传教，其属下约 16 万人"剪掉长发归信伊斯兰教"。至 15 世纪时，伊斯兰教传播到哈密、吐鲁番一带，到 16 世纪风靡天山南北。除了 15 世纪进入天山北部的厄鲁特蒙古外，伊斯兰教在新疆全境基本确立了主导地位。

宗教人物

　　每一个宗教的诞生和传播，都会产生一批为宗教事业献身的宗师、名人。他们或是本教的创始人，或是本教的改革家，或对本教的发展做出过重大贡献，或对本教教义有超过常人的阐释。这些人无论是在宗教界还是在思想界都有显赫的声名。

　　中国的玄奘法师不但是佛学大师，还是著名的旅行家，他写的《大唐西域记》是很宝贵的历史资料。

　　中国许多道教人物还是化学家。

　　宗教人物以其特殊的身份在中国历史的进程中绽放异彩。本篇重点介绍了佛教、道教及其他教派中的著名人物生平，以及他们对中国古代思想发展的贡献。

东晋一代名僧道安

东晋名僧道安（312—385），在中国佛教史上占有重要的地位。他的一生很曲折。据《梁书·高僧传》载，道安出家前姓卫，常山扶柳（令河北冀县）人。祖先为大儒世家。他很小的时候便失去了双亲，由表兄孔氏抚养成人。道安天资聪颖，7岁便能读儒家的书，过目成诵。他12岁时出家，因为相貌丑陋，得不到师傅的重视，被派去田里干农活。他这样干了三年，一直都勤勤恳恳、毫无怨言。他在学业上很努力，从未缺过一次斋戒。几年之后才求师借阅佛经，师傅借他一卷《辩意经》。道安带经下田劳动，当天全部背诵下来，晚上又向师傅索阅其他经典。师傅又借他一部《成具光明经》，他当晚即能背诵，一字不差。老师大为惊异，从此另眼相待。

道安20岁便受具足戒并得到师傅的允许可自由出外游学。道安游学到了后赵都城邺（今河北临漳）。其时石虎在位，尊佛图澄为"大和上"。道安在邺都的中寺遇到佛图澄，得到佛图澄的赏识，两人交谈终日，话语十分投机。有人因其相貌不扬而轻视他，佛图澄说："此人有见识，不是你们所能比的。"道安从此拜佛图澄为师，研究禅观之学，同时也研究般若学。佛图澄每有讲授，道安都能复述一遍。有人对他的复讲提出疑难，他都能解答。当时的人都说："漆道人，惊四邻。"隋唐以前，佛教僧人被称为"道人"，道安肤色黑，因此被称为"漆道人"。

东晋永和五年（349 年），石虎死，后赵大乱。道安避乱来到渔泽（今山西阳城）一带，从竺法济等人学习，撰写了《阴持入经》注释等。这时他已经声名显赫，影响很大了。两年后，民族纷争复起，中原大乱。人们互相杀掠，饥而食人，田园荒芜，瘟疫四起。道安转至飞龙山（今山西浑源西南）避难，同行者有竺法汰。道安在飞龙山遇到释僧光。两人相见恨晚，共同研究佛理。几年后，道安来到太行恒山（今河北阜平北）立寺塔传教。又过了两三年，道安回到邺城，住于受都寺，在此传教。这时道安已成为拥有数百徒众的僧团领袖。不久，道安又因战乱转至邺西北的牵口山，从此处又率众入王屋女林山（今河南济源西北）。到了 365 年，道安率众南下襄阳，行至新野，命竺法汰带一路人去扬州（今南京）传教，法和去四川，自己则带慧远等人直抵襄阳。

道安在襄阳住了约 15 年，先居于白马寺，后另建植溪寺。北方战乱，僧团为避难不断流徙各地，这使道安认识到"不依国主，则法事难立"。因此他到襄阳后，广交名人高士，与当地的官僚士大夫建立了密切的关系，能够享受到与王公一样的俸给。当时南方谈玄说理之风盛行，道安迎合这种风气，大力宣讲般若经典，深入研究佛教义理，搜集、整理其他经典。另一方面，道安注意培养弟子，向社会广泛传播佛教。在襄阳的 15 年，是道安一生中最有建树的时期。

东晋孝武帝太元三年（378 年）春，前秦苻丕攻打襄阳，镇守襄阳的朱序将道安拘留起来，令其不得擅自离开。此间道安为保护弟子，再一次分张徒众。第二年苻丕攻陷襄阳，俘获朱序，将道安等人一并送到长安。前秦国主苻坚十分敬重道安，把他视作"神器"，请为上宾，以辅助治国。道安被安置在长安五重寺，有僧徒数千人，成为实际上的前秦佛教领袖，同时又是苻坚的高级政治顾问。苻坚打算南下灭晋，遭到道安的劝阻。道安并劝苻坚实行仁政，以"文德"感化新征服的百姓。385 年道安在长安去世。

　　道安重视传教，有弟子数百人，其中著名的有释法和、竺法汰、慧远、僧碧、僧散等。这些人在佛教的发展上都起过重要作用。道安几次分张徒众，有的入蜀，有的去到东南，或居庐山，或住荆州，大江南北，到处都有道安的弟子。道安之前，佛僧戒律很不完备，而徒众猛增，僧团内部出现了不少问题。道安为此制定了"僧尼轨范"，内容包括讲经说法的仪式和方法，关于日常修行、食住的规定，以及每半月举行一次的说戒忏悔仪式、夏安居结束时举行的检举忏悔集会的规定。道安制定的戒规，对后世影响很大。宋代人称"凿空开荒，则道安为僧制之始也"。道安在长安时主张佛教僧徒不用俗姓，以"释"为姓，起到了增强佛教僧侣的宗教意识、巩固僧侣集团统一的作用。

　　道安尽管屡屡迁徙，生活极不安定，仍主持翻译了大批经典，前后共译出约14部183卷，"百余万言"，其中大部分为小乘经典。译经的同时，道安着力研究和宣传大乘般若学说，各种著述有48种之多。为便于中国人理解，道安使用了不少儒、道，特别是老庄玄学的语言、概念来阐释佛教教义，建立了"本无宗"的般若理论体系。道安是中国佛教史上最早系统地编纂经录的佛教学者。东晋时期，外国僧人和汉僧翻译的佛经越来越多，在社会上广为流传。但这些译经质量参差不齐，有些是同本异译，有些失去了译者姓名和翻译年代，还有些是中国人托佛陀之名编造的，被称为"伪经"。道安组织人手对流传的各种手写佛经进行整理、编目，并总结了几百年来译经的经验和教训。他编的经录，后来被称作《综理众经目录》（或《道安录》、《安录》）。此书现已亡佚，但从梁僧佑的《出三藏记集》可以了解其主要内容。《安录》对后世影响很大，为中国佛教目录学奠定了基础，僧佑以此录为基础扩编为《佑录》（即《出三藏记集》）。

　　道安学识渊博，是早期中国佛教史上最重要的人物之一，为中国佛教的发展做出了卓越的贡献。

慧远大师

　　慧远，生于东晋成帝咸和九年（334 年），死于东晋安帝义熙十二年（416 年），是净土宗始祖。他是东晋最博学的佛教学者道安的弟子。据《高僧传》记载，慧远"少为诸生，博综六经，尤善《老》、《庄》"，对儒、道经典有很深的研究，以后又随道安出家研究佛教理论。他离开道安后，长期住在庐山，聚徒讲学和翻译佛经达30 余年。同时，慧远虽然居住庐山，但广交达官贵人，因此他的影响遍及大江南北，甚至深入宫廷。他的主要著作有《沙门不敬王者论》、《明报应论》、《三报论》等，后来收集在僧佑编辑的《弘明集》中。

　　慧远大师在佛教理论上继承和发展了道安大师的思想，属于般若学的本无派，着重地发展了佛教三世因果和轮回流转的理论。他从本无说出发，进一步阐述了佛教的最高实体和最高精神修养境界的关系。如"法性论"说："至极以不变为性，得性以体为宗。"就是说，只要认识到"空"的最高实体，也就认识了自己的本性。在《沙门不敬王者论》中，他写道："神也者，圆应无生，妙尽无名，感物而动，假数而行。感物而非物，故物化而不灭；假数而非数，故数尽而不穷。"这是"神不灭论"的理论基础。他以火木为喻，来说明形神的关系。在"沙门不敬王者论，形神不灭五"中，他说："火之传于薪，犹神之传于形；火之传异薪，犹神之传异形。前薪非后薪，则知指穷之术妙；前形非后形，则悟情数之感深。惑者见形朽于一生，便以为神情俱丧，犹火穷于一木，谓终期都尽耳！"

慧远所处的东晋时代，发生了庾冰、桓玄等执政者倡导的多次排佛论战。特别是桓玄，他从历史上追溯说："从前中国人都不信佛，信佛的沙门都是些来华的外国人。帝王也不和佛教接触，可以对佛教放任不管。现在，帝王亲自信佛，情况不同于以往了，怎么能不使佛教僧侣的礼制有个准则呢？"桓玄还进一步强调，佛教僧侣生长存养仰赖于王侯，难道有受王者的德惠而不行礼敬的吗？

慧远身为当时的佛教领袖，他对这个是否应礼敬王者的问题予以高度重视，撰写了《沙门不敬王者论》，全面地论述了佛教僧侣不敬王者的基本立场及其理论根据。

慧远认为，佛经所讲的信佛，有两种情况。一是不脱离世俗社会，在家信奉和传播佛教，二是出家修行。前一种人，当然要遵循礼制敬君尊亲，这也是佛典所教导的。后一种人，不对王者跪拜，但是并不失去敬意。这是为什么呢？因为，在出家修行的沙门看来，众生由于有生命形体、欲望而产生种种的烦恼痛苦，而出家沙门就轻视世俗生活的一切利益，脱离俗世，坚持修行，以摆脱世俗的痛苦，逐步通向成佛的道路。虽然，出家沙门遵循佛教教规，对包括帝王在内的一切世俗人不行跪拜之礼，但只要沙门成全功德，达到了成佛目标，那么，王侯、沙门的世俗亲属以至天下人都会从中得到好处。可见，沙门不处在王侯之位，但是完全有利于王侯的统治，哪里是像桓玄说的受王者恩惠而不能报答王者呢？

慧远反对沙门尽敬王者，主张沙门不应礼敬王者，他的现实目的，说透了，也就是在于争取到沙门不敬王者的特殊礼遇，以便获得国人对僧侣的特殊尊重，更有效地发挥佛教的特殊社会政治影响，同时也为佛教自身的发展开辟更加广阔的道路。

慧远不仅限于论证沙门不敬王者这一个具体问题，而且从佛教与

王者利益和世俗纲常名教根本一致这一基本立场出发，为佛教一系列
特殊礼制作了有力的辩护。比如，沙门使用袭装、钵盂和沙门右袒
（袒露右胳膊），都是沙门区别于世俗的特殊礼制，有助于沙门虔诚
修行、不断精进，也有助于宣传佛教，吸引人们皈依佛教。这样做的
结果，虽然在形式上与世俗纲常名教相背离，但是本质上还是完全维
护世俗统治者的利益，因而也是符合纲常名教的，用慧远自己的话
讲，叫做"出处诚异，终期则同"。

佛教发展到东晋时代，已获得相当高的社会地位。朝廷许多权
贵，都纷纷站在慧远一边，反复证明不能令沙门礼敬王者的道理。桓
玄后来也放弃了自己的主张，容许沙门不向王者致礼，与慧远达成了
妥协。慧远敢于面对现实，积极回答现实的挑战，比较成功地解决了
沙门不应敬王者这样的尖锐问题，对佛教与中国固有传统文化的融
合，起到了十分重要的作用。

在《三报论》中，大师依据"阿毗昙心论"中"若业现法报，
次受于生报，后报亦复然，余则说不定"这句偈语，系统地发挥了
三世轮回学说。他写道："经说业有三报：一曰现报，二曰生报，三
曰后报。现报者，善恶始于此身，即此身受。生报者，来生便受。后
报者，或经二生三生，百生千生，然后乃受。受之无主，必由于心；
心无定司，感事而应；应有迟速，故报有先后；先后虽异，咸随所遇
而为对；对有强弱，故轻重不同，斯乃自然之赏罚，三报之大略
也。"因果报应通三世，从理论上解释了为什么在现实生活中，会产
生善者遭殃，恶者得福的不合理现象。所谓："善有善报，恶有恶
报；不是不报，时间未到。"

在《明报应论》中，大师指出了产生报应的根源说："无明为惑
网之渊，贪爱为众累之府，二理俱游，冥为神用，吉凶悔吝，唯此之
动。无明掩其照，故情想凝滞于外物，贪爱流其性，故四大结而成
形。形结则彼我有封，情滞则善恶有主。有封于彼我，则私其身而身
不忘；有主于善恶，则恋其生而生不绝。于是甘寝大梦，昏于同迷；

抱疑长夜，所存唯著。是故失得相推，祸福相袭，恶积而天殃自至，罪成则地狱斯罚。此乃必然之数，无所容疑矣。"

对于现实生活中"积善而殃集，凶邪而致庆"的现象，他在《三报论》中解释说："此皆现业未就，而前行始应。故倚伏之契，定在于昔。"今生的祸福不仅有现报，也有生报。今生作的孽，可能有现报，也可能有后报，如果只以一生为限，就无法说通了。因此，大师认为："如令合内外之道，以求弘教之情，则知理会之必同，不惑众涂而骇其异。"

怎样正确对待呢？在《明报应论》的最后一段，他归纳说："夫事起必由于心，报应必由于事，是故自报以观事，而事可变，举事以责心，而心可反。推此而言，则知圣人因其迷滞，以明报应之对，不就其迷滞，以为报应之对也。何者？人之难悟，其日固久。是以佛教本其所由，而训必有渐。知久习不可顿废，故先示之以罪福。罪福不可都忘，故使权其轻重。轻重权于罪福，则验善恶以宅心。善恶滞于私恋，则推我以通物。二理兼弘，情无所系，故能尊贤容众，恕己施安，远寻影响之报，以释往复之迷。迷情既释，然后大方之言可晓，保生之累可绝。夫生累者，虽中贤犹未得，岂常智之所达哉？"在"三报论"的结论中，他同样指出：只有"知有方外之宾，服膺妙法，洗心玄门，一诣之感，超登上位。如斯伦匹，宿殃虽积，功不在治，理自安消，非三报之所及。因兹而言，佛经所以越名教，绝九流者，岂不以疏神达要，陶铸灵府，穷源尽化，镜万象于无象者也"。

玄奘取经和《大唐西域记》

　　玄奘（600—664），唐朝著名的三藏法师，汉传佛教史上最伟大的译经师之一，中国佛教法相唯识宗创始人。玄奘俗姓陈，名祎，他是中国著名古典小说《西游记》中心人物唐僧的原型。

　　根据历史记载，隋文帝开皇二十年（600年），玄奘生于河南洛阳洛州缑氏县东南凤凰谷（今河南省偃师县陈河村）。兄弟四人，玄奘最幼。他的二兄先出家于洛阳净土寺。玄奘到了13岁，也跟着二兄在净土寺出家为僧。据说他在净土寺听法诵经，好学不倦，尤其对景法师讲的《涅槃经》和严法师讲的《摄大乘论》感兴趣。隋炀帝大业末年，玄奘离开净土寺，随二兄往长安游学，途中得知长安名僧因世乱多避居蜀地，便转往成都。到成都后，玄奘拜师求教，潜心学习，而侧重于《毗昙》、《摄大乘论》等。仅仅数年，已有不小的名气。贞观元年（627年）玄奘到达长安，游学京师诸家。而此时的玄奘，已游学南北，广承诸师，穷尽各说，史书上说他"擅声日下，誉满京邑"。

　　但玄奘从多年的游学听闻中觉得，各地讲论说法颇不一致，尤其他所注重的法相学《摄大乘论》、《十地经论》，讲说各异，不尽统一，因此很想找到答案。此时恰逢印度那烂陀寺高僧波颇密多罗来唐译经讲论。从那里了解到印度有法相学大本《瑜伽师地论》，有法相学大师戒贤，于是决心前往印度求法。

唐太宗贞观元年（627年）关中发生灾荒，朝廷允许民众可以到外地逃荒，出国禁令比较松弛，玄奘借此机会西行。从长安出发后，他为躲避官府的检查和追捕，昼伏夜行，经兰州、凉州、瓜州，一路结伴而行。而自夜渡瓠芦河之后，他孑然一身，越过玉门关、跋涉五峰，度过了"上无飞鸟，下无走兽，复无水草"的茫茫莫贺延碛（哈顺戈壁），九死一生，历经艰险，到达高昌首都伊吾城（今新疆哈密县）。在此他受到高昌王麴文泰的礼遇，并得到终身供养的请求。但玄奘志在西游求法，再三辞谢。于是在高昌王遣使陪送下玄奘经屈支（今新疆库车县）、跋禄迦（今新疆阿克苏）等国，翻越凌山，到达西突厥首都素叶城（今吉尔吉斯斯坦的托克马克城），这里又得到了叶护可汗的通牒信件和陪同使者，顺利通过了笯赤建、窣堵利瑟那以及与印度相邻的迦毕试国，终于进入北印度。

玄奘在向印度进发的途中和旅行印度的过程中，随处向各地高僧学习，从胜君居士学习《唯识抉择论》等，历时两年。他在那烂陀寺师事戒贤法师，跟他学《瑜伽师地论》等唯识学派的经典，但这时的玄奘并不局限在法相唯识学说，而广泛学习了与瑜伽行派相对立的《中论》、《百论》学说，以及因明（逻辑和认识论）、声明（语言文字、音韵、语法）、医学等学说。又学习了《杂心》、《俱舍》各论和大众、正量、经部各派的学说，甚至还学习了婆罗门诸派经论，将印度诸派各家学说包罗无遗。玄奘虽倾心唯识学说，但对中观学说也不排斥，曾写《会宗论》，会通调和它们的思想。他对小乘学者批评大乘不能容忍，写《制恶见论》进行批驳。他还在一次与一位顺世外道学者的辩论中获胜，由此名声为远近所知。在641年，戒日王在曲女城召请全印度的18位国王和众多官员、沙门、婆罗门、外道等，举行盛大的辩论大会，请玄奘为论主，宣讲《制恶见论》，破斥小乘。据载在18天内没人敢提出质难。大乘信徒称颂玄奘是"大乘王"，小乘信徒称颂他是"解脱天"。此后，玄奘又应请参加了钵罗耶迦国举办的为期 75 天的"无遮"（人人可以参加）施舍大会，会毕，最后辞别东归，沿原来路线经西域诸国，于贞观十九年（645年）正月在历尽千辛万苦之后回到长安。至此，玄奘西行求法，前后历时 17 年。玄奘归国受到奉太宗之命迎候的左仆射房玄龄等官员和广大民众的热烈欢迎。玄奘带回佛典 657 部，还有佛像、舍利等。

其后，玄奘主要从事翻译，在唐朝廷的支持下先后在弘福寺、慈恩寺、西明寺、玉华宫等地共译出佛经 75 部 1335 卷。所译经论主要以法相唯识学为中心，译出瑜伽行派"一本十支"各论，大部头的如《瑜伽师地论》、《成唯识论》，又译出小乘有部的《俱舍》、《婆娑》等阿毗达摩（论书），还译出各类《般若经》的汇编《大般若经》。玄奘通过翻译法相唯识经论，开创了法相宗，培养了一大批法相学高僧，著名的如窥基、圆测、普光、法宝、神泰等。玄奘的一生，为中印文化交流，为中国佛学的发展做出了卓越贡献，所以他的伟大事迹后世歌颂不绝，更以《西游记》而中外广闻，妇孺皆知。

唐太宗在洛阳会见玄奘时，对他讲述的他到印度求法沿途的见闻和印度的风俗人情很感兴趣，对他说："佛国遐远，灵迹法教，前史不能委详。师既亲睹，宜修一传，以示未闻。"（《三藏法师传》卷六）此后，玄奘口述，由应召前来协助译经卷的沙门玄机撰文，用一年多时间写成《大唐西域记》12 卷。书中记述玄奘亲自经历的 110 国或地区，传闻的 28 国或地区的地理、交通、历史、政治、物产、文化、宗教、风俗、名胜古迹等广泛的内容。涉及的地理范围包括现在中国新疆地区、中亚南部和阿富汗北部以及伊朗、印度、斯里兰卡、东南亚诸国。该书文笔质朴，言简意赅。近代以来，此书受到国际学术界研究重视，有关的注释和研究很多。1985 年中华书局出版的季羡林等学者校注的《大唐西域记校注》，是在充分吸收国内外研究成果的基础上完成的，具有很高的学术价值。

六祖慧能

慧能（638—713），也写作"惠能"，唐代僧人，禅宗南宗创始人、佛教史上称他为禅宗六祖。著有六祖《坛经》流传于世，至今仍有不腐肉身舍利久存于世，成为佛法修行之见证。

所谓"六祖"，是指从禅宗传说中的始祖菩提达摩，下传慧可、僧璨、道信、弘忍，到慧能这里就算六传了。不过，慧能成为"六祖"，这中间是有着一番艰苦曲折经历的。

大约咸亨（670—674）年间，慧能听说禅宗五祖弘忍在蕲州传教，便安置好老母，前往黄梅，以行者身份求教于弘忍。

弘忍见到慧能后问："你是哪里人，到我这里想获得什么？"慧能回答："弟子是岭南新州的一名普通老百姓，远道而来投到大师门下，不想获得其他什么东西，只想成佛。"五祖说："你是岭南人，又是尚未开化的蛮夷，怎么能成佛呢？"慧能答："人虽然有南方或北方的地区差别，佛的本性根本没有南方或北方的不同。我这个岭南蛮夷虽然相貌与大师有别，但是我们彼此都具有的成佛本性又有什么不同？"听了这番话，五祖还想和他继续交谈下去，但是看到众多弟子都围在左右，便让慧能和大家一起去参加劳动。慧能说："我还有话要禀告大师。弟子内心时常萌发智慧念头：不离自己的本性就是福田。不知道大师要让我干什么活？"五祖道："想不到你这个蛮夷还天资甚高！你不要再讲了，到后院碓房干活去吧。"慧能依言退下，走到后院碓房。有一位行者分派他劈柴，踏碓舂米，一干就是八个月。一天五祖对他说："我认识到你有聪慧的见解，但由于怕有坏人伤害你，所以那天我故意没有和你再谈下去。你懂我的意思吗？"慧能回答："弟子也明白大师的用意，所以这些日子一直不敢到讲法堂前抛头露面，以免被人发现。"

又过了几天，五祖召集所有弟子，对他们说："世人都沉沦于无始无终的生死轮回之中，这是必须解决的最大问题。你们每天只是一心持戒修善追求福报，不考虑设法脱离生死轮回的苦海！如果你们不认识自己的本性做功德善事，又怎么能拯救你们？你们都回去，凭借自己的聪明才智，运用自己先天具有的智慧本性，每人作一首偈颂，拿来给我看，如果发现谁能领会佛法大意，我就把衣钵传给他，让他成为第六代祖师。"大家听了五祖的话，相互议论："我们这些人用不着花费心思作偈颂呈交大师，这是徒劳的。神秀上座是我们的教授师父，不用说，一定是他成为第六代祖师。"

神秀这时已作好了偈，但没有勇气呈交五祖，紧张惶恐。他突然想出了一个主意：我把自己作的偈颂写在讲法堂前走廊的墙壁上，由五祖自己去看。如果五祖欣赏，我再声明是自己写的。于是他趁夜半三更无人之际，悄悄把偈文写在墙壁上。他的偈颂是："身是菩提树，心如明镜台。时时勤拂拭，勿使惹尘埃。"第二天，五祖看过偈颂后知道是神秀所作，便公开让众僧念诵学习，并告诉大家，依照此偈修行大有好处，可以避免转生到地狱、恶鬼、畜生等极坏的转回去处。但是，五祖当夜三更又把神秀叫到自己的房间，告诉他："从你作的这首偈来看，你还没有认识自己的本性，你还是佛法的门外汉。凭你这样的认识水平和理解程度，想获得至高无上的觉悟是不可能的。所谓至高无上的觉悟，是在言谈之间立即认识和体验自己的本心本性，明白自己的本性没有生成也没有毁灭。在任何时候，在转瞬即逝的每一个念头中，都要保持这种认识和体验。要懂得一切事物或现象都是相互融通的，都不会相互滞碍而格格不入。由于本性的真实，一切事物或现象也都具有真实性。对一切不作区别，始终宁静的心体即是真实。如果有了这样的认识和体验，就是至高无上的觉悟本性。"五祖让神秀再作一偈呈上。但神秀回去后，绞尽脑汁，搜索枯肠，始终作不出来。

过了两天，慧能知道了神秀所作的偈，明白此偈作者尚未识心见性。由于他不会写字，便央人代笔，把自己所作的一首偈写在墙壁上。他的偈文是："菩提本无树，明镜亦非台。本来无一物，何处惹尘埃？"此偈是针对前偈而发，大意是说：人的觉悟本性并不像一棵菩提树，先天纯洁清静的心也并非如同明镜。原本就没有一种看得见摸得着的有形体的东西，又会在哪里沾染上世俗的灰尘呢？众僧见此偈后大加赞赏。五祖见后心中暗惊，唯恐有人伤害慧能。他把偈文擦掉，并告诉众弟子："这首偈也不怎么好，也没有识心见性。"众人都相信了五祖的话。

第二天，五祖悄悄来到碓房，看到慧能腰间拴着一块大石头，费力舂米，便说："按照佛的教诲修行的人，为了佛法而甘愿献身。应该如此啊！"五祖接着问："米舂了没有？"慧能回答："米早已舂好了，不过还需要筛一下。"五祖听了没吭声，用拄杖敲击石碓三下，随即离去。慧能明白五祖的用意，等到三更天，来到五祖丈室。五祖秘密地为慧能讲《金刚经》。在讲到"应无所住而生其心"一句时，慧能完全明白了"一切事物和现象都离不开人的自我本性"的道理。五祖知道慧能已彻底认识了本性，就把据称是菩提达摩传下来的袈裟交给他，并说："你已成为第六代祖师，应该竭诚维护教法衣钵，广泛拯救一切有情众生，使本门教法永远流传下去。"五祖又告诉慧能："传衣者命如悬丝，此衣（袈裟）就传到你为止了。"五祖让慧能从速到南方隐居，因为要使佛法兴盛起来不是一件轻而易举的事，充满了艰难险阻，一定要忍耐，等到时机成熟再出来弘禅说法。五祖连夜把慧能送到九江驿，命其从速离去。

慧能求法的传说自然不能完全视为历史真实，其中夸张、虚构的成分不少。但是，这个传说也反映了禅宗初创时期的一些重要情况，包括禅众的生活与修行、所重视的经典、门派的纷争、禅宗的核心教义等，因此值得重视。

慧能复出之后，在韶州（今广东韶关）曹溪宝林寺宣传"直指人心、见性成佛"的顿悟主张，与神秀在北方提倡的"渐悟"主张相对，历史上称之为"南顿北渐"、"南能北秀"。武则天和唐中宗都曾召慧能入京，他一概婉绝。去世之后，唐宪宗追谥他为"大鉴禅师"。弟子有神会、怀让、行思等40多人。弟子法海将慧能说教汇编成书，叫做《六祖法宝坛经》，成为后来禅宗经典。

慧能名为禅宗"六祖"，但是他在禅宗史上的地位却可以说是空前的。他的"识心见性、顿悟成佛"主张确立了中国禅宗的理论特征，根据他的说教汇编而成的《坛经》成为中国禅宗也是中国所有佛教宗派中唯一的由中国人撰写的经典。他所开创的南宗后来成为中国禅宗乃至后期中国佛教宗派中的主流，从这些意义上说，慧能是禅宗的实际创立者。

元代八思巴事迹

　　八思巴（1235—1280）是"萨迦五祖"中的第五代祖师，其父桑查·索南坚赞是法王萨班之弟。幼时，他对读写五明等方面的知识不教即通，或稍加指点即通，并具有知道自己前世处所之神通。他曾说自己前一世是曾与观世音菩萨讲论的萨顿日巴。为验证此事，萨顿日巴的两位弟子前来观看，当时他正与小孩们做游戏，发觉他们两人来后，即认出他们。问道："你们来了吗？"这两人说："认识我们吗？"回答说："认识，是我的弟子某某与某某人。"他们两人因此而生信仰，崇拜得五体投地。产生此事的缘由如下所述。当其父桑查修习毗那夜迦（亦译象鼻天）法时，见毗那夜迦神前来，用象鼻将他托起，送到须弥山山顶，并说："你看！"桑查因为惧怕，未能看远，仅瞥见卫、藏、康三处等吐蕃地面，毗那夜迦神说："本来你所看见的地方将归你统治，因你未快看，故你没有统治之缘分，卫、藏、康三处将归你的子孙后裔统治。"当时，桑查因长期未得儿子，心中颇为焦虑，随即向毗那夜迦神祝祷，祝愿得子。所以，在某个时刻，贡塘地方的萨顿日巴身前有毗那夜迦神显现，对他说："桑查一再向我祈求，愿能统治卫、藏、康三处地面，他本人无此等缘分，只有他的儿子当是住世的菩萨，发愿教化南赡部洲之大部，你应前往他家，转生为桑查之子，治理卫、藏、康三处吐蕃地面之大部，请你按我的愿望转生！"因此，才有上述的灵异之事。

史载，八思巴3岁时，即能念诵咒语，8岁就能背诵《本生经》，9岁可为人讲经。五世达赖阿旺·罗桑嘉措著的《西藏王臣记》中说：八思巴"幼而颖悟，长博闻思，学富五明，淹贯三藏"。由于他聪明绝顶，又出身名门望族，故人们称其为八思巴（"圣者"）。

13世纪初，当成吉思汗发兵要大举进攻西藏之时，卫、藏、阿里各地方首领，慑于蒙古军威力，纷纷请求归顺蒙古。而萨迦派的首领则率先从卫藏地区带了许多佛像和经典，到蒙古地区与其联系，恳求归附，这便是藏传佛教传入蒙古地区的开端。

1239年下半年，阔端汗派他的部将达尔汗台吉多达那布率兵进藏，驻防拉萨以北热振寺、杰拉康寺一带。他了解到西藏各地的割据势力交错的情况后，认为单靠武力难以控制。于是，在1240年领兵撤回甘、青，并上书阔端汗道："现在卫藏地方，以噶当派的寺庙最多，分布最广，达垅派教主戒律清整，富有德行，止贡派的京俄大师最有法力；萨迦派的班智达通晓'五明'，声誉最高。"（《西藏王臣记》）因此，他建议召见萨班。

1244年，阔端汗再次派多达那布和杰门赴藏，函召萨班来凉州（今甘肃武威）商议卫、藏全区归附蒙古的事宜。同年，萨班奉召，率其侄八思巴、恰那多吉，自萨迦起程，那时，八思巴年方10岁，恰那多吉才6岁。一行抵达拉萨后，八思巴即从其伯父萨班出家，受沙弥戒，取名罗追坚赞，并被派到往粗朴寺初学戒律后，即同恰那多吉随萨班赴凉州。到达凉州后，遵照阔端指令，八思巴继续学习佛法，恰那则主攻蒙古语。而萨班自己则在沿途停留，跟卫、藏各地方势力领袖人物磋商归顺蒙古事宜。1246年，萨班抵凉州，因阔端回和林选立大汗去了，未能相见。1247年阔端返回凉州，方与萨班晤面。萨班代表西藏地方势力，和蒙古王室建立政治上的联系。在阔端和萨班经过磋商，议妥西藏归顺蒙古的条件以后，由萨班写给西藏各地僧俗地方势力一封公开信，劝他们接受条件，归顺蒙古。这封公开信，就是著名的《萨迦班智达·贡噶坚赞致蕃人书》，该信收在《萨班全集》里。1249 年，阔端将卫、藏的治理权委托给萨班掌管。从此，西藏地方正式纳入了祖国版图，成为祖国领土不可分割的一部分，萨迦派亦随之取得了在全藏的领袖地位。

1251 年，阔端和萨班相继死于凉州。同年，元宪宗蒙哥汗即位于斡难河，将漠南蒙古和汉藏等民族地区划归其胞弟忽必烈总领。西藏原为阔端领地，至此易主，萨迦派在西藏地区的领袖地位亦随之发生动摇。1252 年，忽必烈率军南征云南大理，取道康区进入西藏，卫、藏各地方势力再次向忽必烈表示臣服，而忽必烈也欲继续用卫、藏宗教领袖帮助自己进行统治的政策，遂同时遣使召见噶玛噶举派的领袖噶玛拔希与萨迦派的萨迦·班智达。其时，萨班已故，阔端之子便以萨迦派的新领袖八思巴应召。1253 年，八思巴和忽必烈于开平（今内蒙古多伦）举行了历史性的会见，这就把由萨班、阔端开创的西藏地方与元朝中央在政治、经济上的联系推向新的高度。同年，八思巴给忽必烈为首的 25 人进行了第一次密宗灌顶，忽必烈以西藏 13 万户作为供养，并赐各种财物，免除萨迦地方各种差税。八思巴为忽必烈第二次灌顶后，供以"三区"。三次灌顶后，忽必烈赐给汉地珍器及西域阿阇黎王所分之如来舍利灵骨。可见忽必烈对八思巴是何等的敬重。1255 年，八思巴 21 岁时，奉忽必烈之命在汉藏交界处从扎巴桑格受比丘戒，不久又回到上都（今内蒙古多伦）。此时，佛、道两家互争优劣，不相退让。是故，蒙哥汗于 1258 年命佛、道二教在忽必烈前进行辩论。双方各选代表 17 人，八思巴也参加了这次辩论会。结果，道教自认失败，道士 17 人都削发为僧，若干道观也改成佛寺。

1260 年，忽必烈在开平称蒙古大汗之后，向身边的萨迦派高僧八思巴授予"国师"封号，并赐玉印，命他统领天下释教事务；1264 年，忽必烈从开平迁都燕京，在中央设立总制院，任命国师八思巴领总制院事，掌天下释教僧徒及吐蕃之境而治之。是年，忽必烈又带头在八思巴前受密戒，以示皈依藏传佛教。随之蒙古后妃、皇子和诸王、贵族们也纷纷接受密宗灌顶，藏传佛教在蒙古宫廷及达官显贵中开始传播起来。

自元世祖忽必烈委任八思巴为帝师，领总制院事以后，不仅在管理佛教寺院僧徒的中央和地方行政机关中，而且在管理广大藏区的行政和军事的中央与地方的行政机关中，均重用藏僧。对于僧人寺院所属土地、人民，又予以免税、免役特权。这就势必增加了僧人的权势，促进了西藏地区政教合一体制的形成。

1269 年，八思巴受忽必烈之命创制蒙古"新字"，即八思巴文，同时，八思巴被晋封为"帝师"和"大宝法王法位"。

八思巴一生的著述很多，计有《彰所知论》、《王统记》等 30 余种，均收入《萨迦五祖集》。他的著作"皆辞严义伟，制如佛经，国人家传口诵，家而蓄之"；尤以《彰所知论》为其主要著作，流传甚广。

1280 年，八思巴殁于萨迦，享年 46 岁。1320 年，元仁宗诏天下各路为八思巴修建"帝师殿"以纪念这位功绩卓著的藏族政治家。

八思巴的一生对藏、蒙历史文化，国家的统一，民族的团结，做出了积极的贡献。

八指头陀
——敬安

敬安（1852—1913），俗名黄读山，出家后法号敬安，又字寄禅，湘潭县雁坪银湖塘人。敬安工诗且"学佛未忘世"，将爱国忧民的思想与佛家悲悯众生的教义交融为一，人称"爱国诗僧"八指头陀黄读山。1912年4月，中华佛教总会成立，他被推为首任会长。

1852年，黄读山生于湖南湘潭县，世居湘潭石潭村，以农为业。敬安幼时父母先后去世，贫无所依，为邻村农家牧牛，暇时始入乡塾读书。同治七年（1868年），一天，他牧牛时，忽见篱间盛开的白桃花为风雨所摧落，不觉放声大哭，遂投湘阴法华寺，从东林出家。同年冬到南岳祝圣寺，从贤楷律师受具足戒后，即上衡州岐山仁瑞寺参恒志禅师（1811—1875），并在这里充当苦行僧职。他随众坐禅之余，时闻恒志说法，于佛学稍知门径。这时，寺中有精一上座喜吟诗，敬安认为那是世谛文字，非衲子的本分，曾加以讥笑。过了两年，他到岳阳访问舅父，游览岳阳楼，有人分韵赋诗，他纵目四顾，水天一色，不觉吟了一句"洞庭波送一僧来"。诗人郭菊荪说他"语有神助"，因此劝他学诗，并授他唐诗三百篇。

清光绪元年（1875年），他离开湖南，先到禅宗著名道场镇江金山寺，从大定和尚（1824—1906）参禅。不久敬安行脚江南，漫游杭州、宁波等地，遍参江浙名宿，至阿育王寺佛舍利塔前礼拜，燃了二指供佛，因号八指头陀。其后他历游天童、天台、雪窦诸古刹。他爱好吴越山水，行脚参禅之外还热爱作诗。他初到杭州时（1876 年）即以"杭州"为题吟了一诗："欲把杭州当橘州，闲身到处便勾留。此生不作还乡计，饱看湖山到白头！"音律格调已相当成熟。光绪七年（1881 年），他最初的诗稿《嚼梅吟》在宁波刊行，使他开始在当时诗坛上占有一席地位。

光绪十年（1884 年），他自江浙回到湖南，先后住持过衡阳罗汉寺，南岳上封寺、大善寺，宁乡沩山密印寺，湘阴神鼎寺，长沙上林寺诸大名刹。其间他从岳麓山麓山寺笠云芳圃得法。沩山是沩仰宗的发源地，他住持以后，立志复兴，不到几年，规模已很可观。这个时期他常和邓白香、王闿运、叶德辉、陈伯严、吴雁舟诸名士往来，诗学的造诣日深，同时又加入湖南名士王闿运等创立的碧湖诗社，和各地名流唱酬投赠，于是诗名更噪于海内。光绪十四年（1888 年），《八指头陀诗集》10 卷出版，他自述出家行脚及学诗经过附于卷后。前 5 卷由陈伯严校刊。后 5 卷由叶德辉续刻，并作序说："其诗宗法六朝，卑者亦似中晚唐人之作。中年以后，所交多海内闻人，诗格骈宕，不主故常，骎骎乎有与邓（白香）王（湘绮）掎角之意。湘中固多诗僧，以予所知，未有胜于寄师者也。"

光绪二十八年（1902 年），东南宁波天童寺方丈虚席，幻人首座率领两序班首代表前往长沙礼请。他即辞上林寺法席至天童寺为住持。天童寺自明末密云禅师（1566—1642）重兴以来，规模宏大，俨然为十方丛林模范，清末住持乏人，渐趋寥落。自敬安继席以后，前后十年，任贤用能，百废俱举，夏讲冬禅，宗风大振。他认为佛法衰微，是由于僧众人才缺乏。当时杭州白衣寺住持松风计划在杭州开设僧学堂，他首先赞同并赴杭州协助，后因松风为哑羊僧谋害殉教，未见成功。敬安曾作《杭州白衣寺松风和尚哀词》悼之。光绪三十四年（1908 年），宁波僧教育会成立，他被推为会长，首先在宁波创办僧众小学和民众小学，致力佛教教育事业。

辛亥革命，国体改变。1912年全国各省佛教徒于上海留云寺召开中华佛教总会成立大会，公推敬安为首任会长，并设本部于上海静安寺，设机关部于北京法源寺。这是中国各地佛教徒最初的联合组织。当时各地有攘夺僧产销毁佛像的情形，僧众无法应付，纷纷报告佛教总会。敬安鉴于当时情况非常严重，思欲加以根本挽救，于是在这一年12月9日到达北京，和他的嗣法弟子道阶前往内务部会见礼俗司长杜关，根据约法要求政府下令禁止各地侵夺寺产。但谈话未获结果，他即愤而辞出。1913年1月8日夜敬安圆寂于北京法源寺，世寿62，僧腊45。法徒道阶等奉龛南归，将其葬于天童寺前青龙岗冷香塔苑。

敬安是一个非常爱国的诗僧。光绪十年（1884年），他在宁波延庆寺卧病，听到法军侵犯台湾、清军败于鸡笼（即今基隆）的消息，激起爱国的热情，以至失眠。他由于精神郁结，竟发热病。敬安曾写了许多诗，自言爱国之心与大慧杲同，但道德文采不及而已。光绪末年，江浙各省学堂有提取僧产助学之议，杭州的僧界情急，便冒用他的名义领衔，联合浙江35寺请外国僧人入内保护，以相抵制。报纸宣传，引起中外的注意。他听到这个消息，认为是辱国辱教的举动，立即致函当局，表明态度，并力请严行拒绝。于是清廷乃命各地自办僧学，以杜绝外国势力之侵入。中国之有僧学开始于此。

敬安的诗是经过刻苦思索而成的，读来使人感到隽永有味。他所写的各体诗都有佳句，自成风格，意境和格调都非常优美。他的著作现在流传有《八指头陀诗集》10卷、《续集》8卷、《文集》2卷、《语录》2卷。

东晋道教领袖
——葛洪

　　汉末，黄巾起义失败，张鲁投降曹操。魏晋时期，统治者对道教活动加以干涉和限制，因此五斗米道的发展受到阻碍，但是社会上的一些神仙方士的活动仍然活跃。

　　曹操对以道教之名以道教形式聚众造反的活动一直保持警惕，但是他也与秦始皇、汉武帝一样迷信方士仙术。据记载，曹操曾召集了大批方士，既是为了防止他们在民间惑众作乱，也借机向他们学习仙术。这些方士中有郤俭、甘始及名医华佗，还有以行房中术而著称的左慈、东郭延年、封君达等人。左慈少有神道，曹操听说后召他到身边。后来左慈神仙妙术的真相暴露，为躲曹操的抓捕而逃到东吴，以道术传弟子葛玄。葛玄后来也受统治者宠信，这个统治者就是孙权。他也非常迷信神仙方术，并优待方士。

　　葛玄出身于东吴士族家庭。早年师事左慈，传说受《九丹金液仙经》，常服术辟谷，经年不饿。他擅长治病，能使鬼魅现形；又能坐薪柴烈火之上而衣服不着火，有时酒醉潜入深水中，酒醒后出来，身上竟一点不湿；又能分形变化，善使符书。吴赤乌七年（244年），葛玄去世，世人传说他已升仙，在天上被授以"太极左仙公"之职。葛玄弟子郑隐，亦擅长神仙方术，从葛玄受《正一法文》、《三皇内文》、《五岳真形图》、《灵宝五符经》及《太清金液神丹经》等道书。郑隐在世 80 多年，西晋末为躲避祸乱进入霍山，没有人知道他到底在哪。葛玄族孙葛洪，便是郑隐晚年招收的弟子。

葛洪（284—364 或 343），字稚川，自号抱朴子，汉族，晋丹阳郡句容（今江苏句容县）人。葛洪出身江南士族。他祖父在三国吴时，历任御史中丞、吏部尚书等要职，被封为寿县侯。他的父亲葛悌，继续在吴为官。吴灭亡以后，刚开始葛悌在晋做官，最后迁邵陵太守。葛洪是葛悌的第三个儿子，颇受葛悌娇宠。在葛洪 13 岁的时候，父亲去世，从此家道中落，常饥寒交迫，早出晚归去田里耕地种庄稼，还砍柴卖柴来换取纸笔，常常以柴火作笔写字，因常常缺纸，所以每次写字的时候在纸的正面写完后反面也要写。

葛洪 16 岁的时候开始读《孝经》、《论语》、《诗》、《易》等儒家经典，尤其喜欢"神仙导养之法"。自称：少好方术，负步请问，不惮险远。每以异闻，则以为喜。虽见毁笑，不以为戚。后来葛洪跟从郑隐学习炼丹秘术，特别受郑隐器重。据说当时郑隐有 50 多个弟子，只有葛洪能看到并被授金丹之经以及《三皇内文》、《枕中五行记》，其余的人有的连这些书的题目都看不到。

西晋太安元年（302 年），葛洪的师父郑隐明白季世之乱，江南将鼎沸，于是负笈持仙药到朴这个地方，与入室弟子一起往东投奔霍山，只有葛洪仍然留在丹阳。太安二年（303 年），张昌、石冰在扬州起义，大都督秘任葛洪为将兵都尉。由于镇压起义军有功，葛洪被任为伏波将军。事平之后，葛洪就"投戈释甲，径诣洛阳，欲广寻异书，了不论战功"。但是因为恰好遇上"八王之乱"，北道不通，而陈敏又在江东起义，所以回来路上必定受阻。在这去留两难之际，恰逢他的故友嵇含任广州刺史，表请他为参军，并担任先遣。葛洪以为可以借此在南土避乱，于是欣然前往。不料嵇含又被仇人郭励杀害，于是葛洪在广州滞留多年。其深感人生失意，荣华富贵和功名势力不常在，就像春天的花一样很快就凋落，但又觉得既然得到这些荣华和势力的时候自己并未特别欣喜，失去它们的时候又为何要为此而悲哀呢？于是他绝弃世务，锐意于松乔之道，服食养性，修习玄静。遂师事他的岳父南海太守鲍靓，继续修炼道术，非常受鲍靓器重。

建兴四年（316年），葛洪还归乡里。东晋开国，因为念他旧功，封他为爵关内侯，食句容二百邑。咸和初，司徒王导起用他为州主簿，转司徒掾，迁咨议参军，干宝又荐为散骑常侍，领大著作，但葛洪都推辞不赴任。后来听说交趾（今越南北方）产丹砂，于是他请求做句漏县令，率领子侄一同前往。向南出行到广州的时候，被刺史邓岳留下，于是葛洪停留在罗浮山炼丹。在罗浮山待了很多年，悠闲自在，不停写书。东晋兴宁元年（363年）葛洪去世，享年81岁。也有人说他死于晋康帝建元元年（343年），享年61岁。

葛洪是著名道教学者，他在西晋末东晋初撰写的《抱朴子》一书，全面总结了战国秦汉以来的神仙信仰，从理论上加以系统论证，为后来道教的发展奠定了理论基础。他还总结了晋以前的各种神仙方术，包括守一、行气、辟谷、导引、房中、医药、炼丹等，同时又将神仙方术与儒家的纲常名教相结合，强调"欲求仙者，要当以忠孝、和顺、仁信为本。若德行不修，而但务方术，皆不得长生也"，并把这种纲常名教与道教的戒律融为一体，要求信徒严格遵守。《金丹》和《黄白》篇中还系统地总结了晋以前的炼丹成就，具体地介绍了一些炼丹方法，记载了大量的古代丹经和丹法，勾画了中国古代炼丹的历史梗概，也为我们提供了原始实验化学的珍贵资料，对隋唐炼丹术的发展有重大影响，而葛洪也成为炼丹史上一位承前启后的著名炼丹家。

从汉魏之际的左慈，经葛玄、郑隐，至晋代葛洪，道教神仙方术经几代方士的发展，渐趋成熟。葛玄、葛洪这一派，被后人称为葛氏道或金丹派，对后来道教的继续发展有很大的影响。

胡登洲

胡登洲（1522—1597）是明代伊斯兰教经师、经堂教育开创人，字明普（又作普照），经名穆罕默德·阿卜杜拉·伊勒亚斯，陕西咸阳渭城人，回族。

胡登洲早年学习汉文和儒学，年过五旬时，得阿拉伯贡使指点，征集西方伊斯兰教经书，潜心学习经史百家，赴麦加朝觐归国，途中游历印度、埃及、土耳其等国，考察伊斯兰国家和地区的教育状况。归国后他深感"经文匮乏，学人寥落，即传译之不明，复阐扬之无自"。"慨然以发扬正道为己任，立志兴学"。他开始在自己家中设招门徒，后转移至清真寺内，将伊斯兰以清真寺为中心的教学形式与中国传统的私塾教育结合起来。他免费招收学员，讲授阿拉伯文、波斯文和伊斯兰经典，用经堂语，即古汉语、阿语、波斯语单词混合而成的独特表达形式，口译和讲解伊斯兰经典，并在教学结构、课程设置、授课形式、考核、毕业方式等方面形成了一套制度，奠定了中国伊斯兰教经堂教育的基础。

胡登洲之后，其亲传弟子和再传弟子们将经堂教育制度进一步加以发展完善。到了清代，经堂教育遍布中国东西南北各地，并逐渐形成了陕西学派和山东学派。陕西学派遍及陕西、甘肃、宁夏、青海、新疆等西北各省及河南、安徽、江苏、云南等省，此学派注重"认主学”、《古兰经》注，不学汉文，提倡“精而专”；山东派遍及山东、河北及东北各地，此派提倡阿、汉、波并重，注重“博而熟”。此后，本属陕西学派的云南，经马复初阿訇吸收陕西、山东两学派的优点和长处，改良经堂教育，创立了独树一帜的云南学派，提倡阿、汉经书并授，兼学波斯文，“诸科分进”的教学方针，极大地推进了经堂教育。

由于经堂教育的倡兴，“吴、楚、燕、齐之彦，负笈载道，接踵其门而求学焉”。于是，“学人寥落”的状况开始扭转，“传译不明”的忧虑得到解决，“阐扬无自”的苦恼有所减轻，“经文匮乏”的困难正在逐步解决。经堂教育倡兴至今，培养和造就了数以万计的一代又一代“阿訇”、“伊玛目”和伊斯兰学者，成为400多年来振兴和弘扬伊斯兰文化、维护教门本色不变而前赴后继的中坚。同时，也正是经堂教育的倡兴和发展，为汉文译著、以儒诠经活动的开展奠定了人才条件，为伊斯兰教的学说化提供了强劲的推动力。

中国伊斯兰教的学说化是以伊斯兰经籍译释，即“经学”的产生为标志的。李兴华先生提出，伊斯兰经籍译释没有专一的形式，口头语言、动作示范、暗示提示、书面形式都有。就书面形式而言，既有汉文写成的“汉经”，也有阿拉伯文、波斯文写成的经书。有的著述还采用阿、波文交叉写成。门宦家的译释经书均不公开刻版问世，仅靠手抄在很有限的信众中密传。门宦经学不论采取什么样的译释方式，它们都共同载负着门宦家所着意宣传的本门本派和本家本宗的独特信仰精神。汉文译著经学，即指以王岱舆、刘智为代表的伊斯兰学者用汉文对伊斯兰原文（主要指阿拉伯文和波斯文）经籍的译释。与经堂经学不同，汉文译著经学或者整本全译，或者是围绕一个主题，在几部或几十部有关原文经籍中“提供大纲，撮其紧要”，进行意译、编译、“借文转译”，翻译时都须做到“训文解字，必摹对推敲，使两义恰合，然后下笔”。就诠释这一侧面而论，经堂释经讲求简明扼要，只要授者当下解释清楚、受者当下听得明白就行，而译著诠释经典，往往须"援引诸家"，对译出的经文特别是关系基本教旨的经文，进行多方面、多体例的注释。如刘智的《天文典礼》，在正文外，有解、大注、小注、实义、广义、考证、集鉴、问答、附论等九种注释体例，"集鉴、考证儒者之语，余皆天方各经传中采辑而成"。译经、释经大多数被刻版印刷，公之于世，不分教内教外、经生非经生，凡知汉文者皆可阅读，这也是与经堂译经解经的不同之处。

由经堂教育初步形成、经汉文译著发展成熟的中国伊斯兰教经学（即伊斯兰教义学），在中国已摆脱了"礼俗"层面的局限而跃迁为"学理"的阶段，完成了学说化的过程。中国伊斯兰教学说化的过程本质上就是伊斯兰教中国化的过程。伊斯兰教的中国化不仅仅表现为经堂教育和译著译经释经中采用汉语和汉文，更重要的也是带有根本性意义的是，经学大师们大胆地、积极地引入了中国传统文化，在译经、释经中以中国传统思想阐明伊斯兰学理，以当时中国占主导地位的宋明理学的架构来创建伊斯兰教义学的体系，使其基本的价值取向与中国大环境的整体文化氛围相适应，使伊斯兰具有了明显的中国作风、中国气派，从而也使得伊斯兰教在中国的存在与发展获得了理论的根基，从低谷走上勃兴之道。正因为如此，有人把从经堂教育倡兴到汉文译著译经释经发展的明清之际，称之为中国伊斯兰教史上的"文艺复兴时代"。

王岱舆

　　王岱舆是中国明末清初著名的伊斯兰教学者和经师，名涯，字行，别号"真回老人"，金陵（今江苏省南京市）人，回族。王岱舆祖籍阿拉伯，明初其先祖随贡使来华，并觐见了明太祖朱元璋，因为精于天文历算之学，被授职钦天监官，子孙世代承袭其职，赐宅于南京卢妃巷，并免徭役。

　　王岱舆幼承家学，熟悉阿拉伯文及伊斯兰教经籍。他攻读性理、子史，旁及百家诸子，被誉为"学通四教"（指儒、佛、道及伊斯兰教），后专攻伊斯兰教义，立志用汉文介绍伊斯兰教。明清鼎革，境况萧索，他乃北上京师，客居正阳门外富绅马思远处，与人谈经论道，弘扬正教。其谈锋所及，涉及儒、道、佛各家时，以维护伊斯兰教义为己任，比较评论，侃侃而谈，颇具思辨特色，一时传为佳话。相传在其客居京师时，曾至铁山寺与该寺住持僧官僧月（又作"广宁和尚"）谈道，《王岱舆盘道记》对这次谈道经过有记载。他晚年寓居北京，在正阳门外讲经，归真后葬于北京三里河清真寺附属墓地。

　　为了阐明伊斯兰教理，王岱舆常与穆斯林、学者、各教人士、地方乡绅进行谈论、论辩，远近亦多有来问难或拜其为师者，伍遵契、伍之璧皆其弟子。因"慨道不大著，教恐中湮"，他遂将谈论、论辩之言写成文章，编辑阐发成书。

王岱舆传世之作主要有三部：《正教真诠》是一部讲述宗教学理和修持的著作；《清真大学》是一部专门系统论述伊斯兰教哲学的书籍；《希真正答》由他的弟子伍之璧汇集而成，内容主要涉及教义方面。

他是中国伊斯兰教史上第一个"以中土之汉文，展天方之奥义"的学者，其贡献主要有：提出了"真一"、"数一"、"体一"三个基本概念，阐明了真一"独一无偶"，真一"为天地万物主宰"，真一"显而为天地万物种子"（数一），而人则通过对"当体"（即自身）及自然界和社会现象的认识去"体认"真一，以达到"正教唯尊兹真一"的认主学目的；在宇宙论方面，他认为"真主（真一）乃无始之原有"，"数一乃万物本始"，其生成序列为"太极生两仪，两仪生四象"、"太极乃真主所立万物之理，而后成天地万物之形"的宇宙生成论；教义学方面，他以认主学为纲，阐述伊斯兰哲理，然后将基本教义、宗教功修、宗教伦理、教法制度、生死观、两世论等综合概述，构建了中国伊斯兰教教义学说；"明真一，显正道之光明，驱异端之谬讹"，他除著书立说外，还以非凡的理论勇气，与人"盘道"（即讲经辩论），大胆阐发伊斯兰教的教义。

他的言论及著作，使伊斯兰教文化步入中国思想论坛，开一代新风。王岱舆是中国伊斯兰教学术研究的先驱者。他将伊斯兰教教义与中国传统文化主要是宋明理学相结合，阐明了伊斯兰教的本体论、宇宙论、认识论，为建立中国伊斯兰教哲学与教义学的框架奠定了理论基础。他的理论紧密结合中国社会实际，表现出伊斯兰教传播过程中与中国传统文化的交融互补，开中国伊斯兰教研究之先河。后世学者说他"发人之所未发，言人之所不敢言，正教光辉，因之昭著"，称赞他"盖自正教入华以来，一人而已"。

马注

马注（1640—1711），回族，经名郁速馥，字文炳，号仲修，晚号指南老人，云南宝山（今云南省丽江市玉龙纳西族自治县宝山乡宝山村）人。清初中国伊斯兰教著名学者，清代云南第一位穆斯林学者。马注出身于一个小知识分子家庭，自称系穆罕默德45世后裔，元代赛典赤·瞻思丁15世孙，清顺治十二年（1655年）16岁时中秀才，历官南明永历帝小朝廷中书，锦衣侍御。康熙四年（1665年）他结识并师从滇中名士何观五，从此"文益修，学益进，弟子益盛"，写成《经权集》、《樗樵录》两部文集，阐述修齐治平之道，希望有裨于治世。康熙八年（1669年）他30岁时，鉴于政治变乱，离家北上至北京，受到清宗人府掌印亲王召见，开始学习阿拉伯文和波斯文，专攻伊斯兰教经训典籍，对佛学和伊斯兰教义颇有研究，并与当时京中伊斯兰教学者切磋教义。他是用汉文译注的开拓者之一，与王岱舆、刘智、马复初并誉为回族最负盛名的四大著作家。

回滇后马注潜心研究伊斯兰教义，向弟子讲授"心性之学"，从者日众。康熙二十二年（1683年）他将其研究成果撰成《清真指南》，在阐述伊斯兰教的创世说时，从"真主运无极而开众妙之门"入手，讲述无极而太极，而火风水土，而天仙人神，最后得出"无始无终者乃真主独一之有"，丰富和确立了伊斯兰教认主"独一"概念。在阐述伊斯兰教的"体认"说时,将"乾坤万物"、"古往兴废"、《古兰经》与人的"身体性命"等一并看做世界的"四部真经",而以"身体性命"为"古籍",把客观世界和历史都纳入认识范围,突出了人在认识中的主体作用,使伊斯兰教的认识论具有了更高的思辨性。在比较儒、释、道的异同时他说,"儒知而言浑,玄知而不切,释不知而自认",认为"三教之理,各执一偏",得出了"明德之本,莫先于认主",维护了伊斯兰教认主独一理论的地位。他数次把自己的著作、家世和对伊斯兰教在整治世道人心、施行教化过程中可能发挥的作用等看法进呈康熙皇帝以求御览,目的是凭借朝廷力量,推进伊斯兰教在中国的传播,但均未成功。康熙二十三年(1684年)他离开北京,在山东、江苏、浙江、安徽、陕西、四川,进行考察,广交各地经师,并设帐讲学,所到之处,人称"仲翁马老师"。他将《清真指南》稿本就教于山东马延岭、南京刘三杰、湖南皇甫经、陕西舍起云等。返回家乡后,他对《清真指南》进行修订,以"圣裔"名义约集云南部分伊斯兰教人士,呈文云南武进府,主张革除从印度传入的"革烂得之属"等"左道异端",并提出"约束教规",由官府颁行云南穆斯林,因此在穆斯林中享有较高威望。

马注晚年"坐困穷愁",康熙五十年辛卯(1711年)病卒于宝山,终年71岁。他著有《臣权》、《樗樵》、《清真指南》等。他所撰《清真指南》内容丰富,"上穷造化,中尽修身,未言后世",内容涉及伊斯兰历史、教义、教法、哲学、天文、传说教派斗争等多方面,对后世伊斯兰教学者影响较大。其人也被称为"云南汉译经典的创始人"。

民间宗教

　　民间宗教一般指流传于民间，又受地域或信众限制的宗教，一般以民族原始宗教或为官方禁止的宗教为主。

　　民族原始宗教的主要崇拜形式有自然崇拜、灵物崇拜、图腾崇拜、祖先崇拜、英雄崇拜和灵魂崇拜等。

　　自然崇拜是人类最早的崇拜形式，把和人们生活息息相关的自然物或自然力神化成为崇拜的对象；英雄崇拜是中西所有民族原始宗教的崇拜形式，把真实存在或幻化出来的历史人物加以神化作为崇拜的对象……

　　中国民间宗教源远流长，而民间秘密宗教在汉代时就已经出现，如张角创太平道，宋元以后民间宗教影响渐大，明清时民间秘密宗教更是名目繁多。这些宗教或依托道教，或依托佛教活动于民间，影响较大者如白莲教、摩尼教、罗教、八卦教等。

　　更有一些民间宗教，以宗教为号召发动农民起义。清代时洪秀全创拜上帝会，创建太平天国；天理会的起义者甚至攻打清皇宫……可见民间宗教的影响之大。

女真萨满教神话

　　萨满教的逐渐丰富与发达是建立在原始信仰基础上的，萨满教出现时间非常早，它的历史可能与现代人类出现的时间一样长久，甚至在文明诞生之前，即当人们还用石器打猎时这种宗教就已经存在。它曾经长期盛行于中国北方各民族。

　　一般认为，萨满教起源于原始渔猎时代。萨满教的理论根基是万物有灵论。在各种外来宗教先后传入之前，萨满教几乎独占了中国北方各民族的古老祭坛。它在中国北方古代各民族中的影响根深蒂固。直到后来，甚至在佛教或伊斯兰教成为主流信仰的中国北方一些民族当中，仍可明显见到萨满教的遗留。但是，相对地说，萨满教在科尔沁草原的东部蒙古，在三江流域的赫哲、鄂伦春、鄂温克、达斡尔，以及在部分锡伯族当中得到了较为完整的继承。因为通古斯语称巫师为萨满，故得此称谓。12世纪中叶，中国南宋徐梦莘所撰《三朝北盟会编》中已用"珊蛮"一词，记述了女真人信奉的萨满教。

　　在萨满教的创世神话中，萨满教的创世神话形象地表达了人的力量、尊严、理想和奋进精神，折射出北方先民在母系氏族社会时期萌生的人本主义曙光。"头腓凌"是整个神话的序言，描述了《天宫大战》的传讲者——博额德音姆萨玛。"博额德音"满语意为"家里已经走了的"，即"已死的"，博额德音姆萨玛讲的《天宫大战》也就是萨满魂魄传讲的神龛上的故事。"二腓凌"用诗的语言描绘了一幅宇宙、地球、生命、神灵创生的形象图画，反映了北方初民最初的宇宙观。"三腓凌"是人类起源神话。"四腓凌"中讲敖钦女神成了两性兼有的怪神，真正成了恶神。"五腓凌"讲述了世上最早、最惨烈的拼争。"六腓凌"讲述了在天宫大战中谁是长生不死的神，谁是不可抗争的神圣大神。"七腓凌"讲述在天界神战中给人类留下立竿燃天灯与戴花风俗的由来。"八腓凌"是天宇神战的高潮。"九腓凌"讲述了神战的结局。

神话最后说道："阿布卡恩都里未给人火之前，人茹血生食，常室于地下，同蝼鼠无异，十有一生。阿布卡恩都里额上突生红瘤'其其坦'，化为美女，脚踏火烧云，身披红霞星光彩，嫁与雷神西思林为妻。风神乘其外游，盗走其其坦女神，欲与女神媾孕子孙，播送大地，使人类得以绵续。可是其其坦女神见大地冰厚齐天，无法育子，便私盗阿布卡恩都里的心中神火临凡，怕神火熄灭，便把神火吞进肚里，嫌两脚行走太慢，便以手为足助驰。天长日久，她终于在运火中被神火烧成虎目、虎耳、豹头、豹须、獾身、鹰爪、猞猁尾的一只怪兽，变成拖亚拉哈大神。她四爪踏火云，巨口喷烈焰，驱冰雪，逐寒霜，驰如电闪，光照群山，为大地和人类送来了火种，招来了春天。天上所以要打雷，就是禀赋暴烈的雷神弟弟向风神哥哥在索要爱妻呢！"

关于天地万物的来源的神话如《海伦格格补天》、《天神创世》、《白云格格》等均属于这类神话。《白云格格》讲述了天神的小女儿白云格格，为拯救世间生灵，偷天上万宝匣造土地的故事。白云格格掌管天上的聚宝宫，发现天神放水淹没了世间的田地，人兽鸟虫等生灵失去生存的空间，在水面上苦苦挣扎，于是偷走了聚宝宫中的万宝匣，撒到大地上。从此大地就形成了山丘和平川。善良格格的勇敢行动，触怒了天神。天神派雪神冻死地上的花草，使白云格格无处藏身，最后白云格格化成了一棵白桦树。这个神话不仅解释了大地山川的形成，而且塑造了一位宁死不屈的女神形象。

解释日月星辰的来源和风雨雷电等自然现象的神话，在满族神话中占有重要的地位。如《天池》、《太阳和月亮的传说》、《月亮阿沙》、《北极星》等都属这类神话。《太阳和月亮的传说》是关于太阳和月亮形成的神话。传说刚有天地的时候，天上地下都是黑糊糊的，一片混沌。天神的两个女儿、炼出了三万三千三百三十三个小托里（神镜），并把光芒闪闪的小托里抛向天空，于是天空中出现了无数的星星。姐妹俩又拿起天神炼出来的十个又红又大的火焰托里往地上照，天空马上明亮了，地上的树、人、动物看得清清楚楚。十个火焰托里好似十个太阳在天上转，烤得地上的人和万物受不了。聪明的人砍来大树做弓，用椴树里皮和藤条做弦。用箭射下了八个火焰托里，最后只剩下两个。天神发怒了，把两个女儿分开，叫她们永远拿着托里照射。姐姐成了"顺"（太阳），妹妹成了"毕牙"（月亮）。

关于风雷雨雪等自然现象的神话，多散见于各种神话之中，很少有单独讲述它们的神话。比如在《白云格格》和《天池》中，就出现了雷神、风神、雨神、雹神、雪神等自然现象之神。

原始初民对人类和本民族成员的产生的解释，构成了许多神话。《天神创世》神话说，人是天神按照自己的样子造出来的。起初造了一男一女，他们婚配生了许许多多的人，一代又一代。后来人在地上住不下了，天神就把天上的一棵最粗最大的树砍倒了接在土地的边缘上，人类沿着树的枝丫发展下去，于是世界上才有了各色各样的人。

族源神话多保存在原始宗教萨满教的神谕中，而且各个姓氏都有自己的说法。东海窝集部的神谕中说，人是从水神出水的毛孔中生出来的；牡丹江一带的富察氏的神谕中说，人是天神身上搓落的泥做成的；野人女真部的神谕中认为生命来自大海。可以看出，这些关于族源的神话的产生，与这些氏族先人的生活环境、谋生手段，有着一定的联系。

这类神话不大集中，多散见于各类神话之中。魔鬼代表是众魔之首耶路里，他与天神及其弟子的斗争，构成了这类神话的主要内容。耶路里原来也是天神的弟子，因忌妒师兄恩都里增图，私自下界，在地下国制造了一群恶魔。最后被人类保护神和天神最小的弟子多隆贝子刺死。他的灵魂兴风作浪，不忠于天神，又无处可去，就造了一个地狱——十八层地下国。他梦想打入天堂，取代天神。《天宫大战》就是记叙天神与恶神耶路里大战的故事。神话《绥芬别拉》则是描写"东海神主"绥芬别拉与黑水怪斗争的故事。

满族先民的社会组织，起初是由若干个哈拉（姓氏）这种血缘组织构成的，因此每一个哈拉都有自己的祖先神。每个祖先神都对本氏族有着杰出的贡献，因此成为后来满族祭祖的对象，而且每一个祖先都有一段神奇的故事。神话《鄂多玛发》记录了郭合乐哈拉的第一位祖先神鄂多玛发率领部众历尽艰辛，终于找到了理想居住地的事迹。为了纪念这位劳苦功高的祖先神，郭合乐哈拉人把他做成高一尺五六寸的人形、鹰嘴、鸭子爪的木刻神像，用以祭祖。神话《石头蛮尼》讲述了苏木哈拉供奉的祖先神石头蛮尼的故事。故事说，石头蛮尼是一位有名的大萨满，神通广大，除邪祛病，有求必应，帮助穷苦人解决困难，为本氏族的人做了许多好事。他死后，苏木哈拉按照他的形象做了一尊石像供奉。

和祖先神类似，每个氏族都有自己的保护神。这类神话重在歌颂对自然和人类起保护作用的诸神的功绩。如保护人类的神恩都里增图，最古老的保护神（海神）突忽烈玛发，行船保护神朱拉贝子等。《突忽烈玛发》讲述了巴拉女真供奉的一位最古老的保护神突忽烈玛发，因为他生长在海里又被称作海神。突忽烈生下来时，浑身长着闪闪发光的鳞片，两只脚像鸭子爪，生下三天就钻到水里不出来。人们都说他是魔鬼降生，要害死他，但由于他有神力，几次都没害成。后来，当乡亲们有难时，他都主动帮助。他帮助乡亲们抗洪退水、引水抗旱，并率领乡亲消灭了耶路里手下的火龙群，为乡亲们重建了家园，受到了人们的崇敬和爱戴。

　　除了各氏族的保护神外，满族也有共同的保护神，如长白山主。长白山在满族人心目中是一座神山，长白山不仅是满族的发祥地，而且满族世世代代生活在白山黑水之间，长白山养育了这个民族。所以，满族祭祀长白山主，长白山主就成了满族人民的保护神。

　　千百年来满族及其先人，以渔猎、采集为主要生存手段，因此民间祭祀有关狩猎生活方面的神就比较多了。如尼马察氏供奉的弓箭神多龙格格，吴扎拉氏供奉的狩猎神鄂多哩玛发，宁安吴氏祭祀的抓罗妈妈（鹿神），伊尔根觉罗氏祭祀的马神绥芬别拉，都是比较典型的满族狩猎神。

　　《多龙格格》神话说，有一年从海边飞来一群黑大鹏，它们有铁爪钢嘴，力大无穷，生吃活人野兽，给人们带来了深重的灾难。多龙格格在神鹊的指导下，练就了一身神箭法。最后，她用神箭射杀了黑大鹏，为民除了害。从此，多龙格格被奉为神灵。这个神话不仅歌颂了多龙格格为民除害的光辉事迹，同时也说明了满族人弓箭技艺的由来，以及弓箭对于狩猎民族的重要意义。

　　满族神话世代流传，其传承方式有三种。其一是文字记载流传，如满族族源神话"天女佛库伦含朱果生满族始祖布库里雍顺"，就是通过《满文老档》、《满洲实录》等清代史书记录下来的。不过，此种流传方式流传下来的神话不多。其二是口耳相传，这种方式流传下来的满族神话数量最大，也是流传的主要渠道。其三是靠萨满教流传下来的。满族及其先人自古以来信奉萨满教。萨满教是原始宗教，其宗教思想主要体现在"神谕"当中，并靠萨满世代口授传承下来。同时也有一些被记录下来，世代相传。神谕中充满了对天地万物、自然现象以及诸神的解释，这种解释就构成了满族神话的重要内容。神谕中的满族神话，比较零散，多是各个氏族对人类和世界万物的看法。

佤族的原始宗教

　　佤族的宗教信仰有原始宗教、佛教和基督教三种。原始宗教信仰是佤族最具特点和较普遍的信仰。佤族相信灵魂不灭和万物有灵。在他们的观念中，人类、山川、河流、植物、动物和凡为他们所不能理解的一切自然现象如风雨雷电等，都有灵魂，或称鬼神。佤族对鬼和神并没有分开，都指观念中的灵魂。佤族认为人的生、老、病、死都与灵魂有关。通过人性的泛化和外推，也就很容易地认为自然界的一切事物和现象都有灵魂，都受一个不可理解的力量所主宰，由此形成了万物有灵的自然崇拜，也称原始宗教。佤族存在浓厚的自然崇拜信仰，反映着他们社会发展的阶段和水平。

　　佤族最崇拜的是“木依吉”神，把它视为主宰万物的最高神灵和创造人间万物的“鬼”。佤族所进行的如拉木鼓、砍牛尾巴和猎人头祭等较大的宗教活动，都是为了祭祀它而举行的。每个佤族村寨附近，都有一片长着参天大树的茂密林子，佤族称其为“龙梅吉”，即“鬼林地”。佤族认为神林是木依吉存在的地方，人们不能乱闯进神林，不能动神林中的一草一木、一石一土，否则，会受到神灵的惩罚。至今，许多佤族村寨的神林还保护得较好，有的成为风景林，有的仍作为禁忌场所。沧源勐角乡翁丁村的神林、糯良乡南撒寨的一片林地、单甲乡单甲大寨东北面的原始森林和班洪乡南板村的一片大榕树林，都是不可乱闯之禁地。

佤族信仰和崇拜的另一重要的神是"阿依俄"，把它供奉在房内鬼神火塘左边的房壁上，视其为男性祖先，凡有男性的人家都供奉它。每当遇到大事如结婚、生育、死亡、生产、盖房、收养子等事情，都要祭它，并向它祷告。

在司岗里的传说中有这样一段描述："起初天和地是捆在一起的，是神砍断了捆着天地的绳子，于是天慢慢地上升，地慢慢地下沉，天和地就这样分开了。神劈开天地后，神又创造了人类。把人放在石洞中，后来在小米雀和老鼠的帮助下，人从石洞中出来。佤族出来，汉族出来，拉祜族出来……都在地上晒太阳。那时天天都是白天，没有夜晚，太阳落了月亮回去太阳又回来。它们轮流不歇地出来。晒得到处是火，晒得水也沸涨。后来神商量让人把树种进月亮去，此后才有了夜晚白天……"从以上的描述中可看到，自然界中天体的变化，在佤族原始先民看来是变幻莫测，不可捉摸的现象。天体给佤族先民带来温暖、光明，同时也带来寒冷、黑暗，因此他们把天体当做神秘的力量，因而对天体产生了敬畏、感谢、依赖、崇拜的观念。

对水的崇拜，是佤族自然崇拜较为普遍的形式之一。《司岗里》中这样叙述："人类从石洞中出来时，不会说话，不懂道理。走过了许多地方，在老鼠的带领下到了阿维河边，洗了脸，洗了手脚，从此才会讲话……经过很久很久，搬过了许多地方，从立克搬到莫社，在莫社碰到了洪水猛涨，人跑到这边，水跟到这边，人跑到那边，水淹到那边。为了活命，人请神帮忙，神说要魔巴做鬼。魔巴看卦，把金子做的飘子倒下了，倒向了太阳升起的地方，从此就砍人头来供。"水是生活中不可缺少的东西，它和人们的生活息息相关，因而佤族原始先民崇敬它。但是在生活中，水又给佤族先民带来灾难，因此佤族先民对它又产生了畏惧的心理，于是对水又产生崇拜。

佤族先民从发现到懂得利用火，从懂得利用到创造火，不知经历了多少漫长的岁月。火的奇异性和人类生活的关系，使佤族形成了对火的崇拜。《司岗里》中这样记叙："地上的火熄灭后，叫猫头鹰去向神求火，它不知道取火方法，没有取回来，萤火虫去取，对神说：'请给我火'，神要它自己取，萤火虫也取不来。最后是蚱蜢去取，它从头盖的缝中偷看到神摩擦取火，回来后就教人。后来火烧了房子，做火鬼后火才不烧房子。不知为什么，所有的火熄灭了，于是一边做火鬼，一边摩擦生火。我们看见萤火虫屁股上有火，我们也把火种留起来……"

西盟和沧源等地的佤族普遍崇拜祭器木鼓（梅克劳格）。他们认为木鼓可以通神，无论是祭祀还是氏族械斗都要敲击木鼓。平时将木鼓供奉在村中最高大的树下。有些地方还专门为木鼓盖房，氏族成员环居周围，以求木鼓庇护。制作木鼓时，要举行宗教仪式。西盟佤族在砍伐树木前要先对树鸣枪两响，意在惊走树魂，制鼓前还要宰牛祭祀，参加者除分食牛肉外，还在宰牛地彻夜歌舞。木鼓每次制作一对，并分"雄雌"，公鼓小，母鼓大。木鼓内腔的大小深浅不同，蒙皮后可以敲打出几种不同的音响，并根据祭祀、报警、巡夜和跳舞等不同要求，敲击出不同的音调。

为了得到鬼神的保佑，佤族的宗教活动十分频繁。每年全寨性的祭祀照例由祭水鬼祈求风调雨顺开始，接着是拉木鼓、砍牛尾巴、剽牛、猎人头祭谷、祈求丰收等一系列活动。猎头的习俗是原始社会的一种残余，由于生产落后而长期保留下来。

"砍牛尾巴"是佤族的原始宗教活动之一，过去，佤族有猎人头祭祀木鼓的习俗。"砍牛尾巴"就是人们把旧人头从木鼓房移到专门栽置人头桩的"鬼林"陈放时，举行娱乐人头鬼的活动，时间一般在每年的初春时节。活动开始，先由魔巴巫师和主祭人选一头"心好"的黄牛拴在主祭人家房前的牛尾巴桩上。所谓"心好"是依据牛毛花纹和颜色而定，一般以毛色纯正，健壮温顺者为"心好"。魔巴蹲在牛旁念念有词祷告并不断往牛肩上洒水。然后，魔巴和主祭者牵牛从主祭者的房屋转两圈，将牛牵回拴在木桩上。魔巴抽出长刀，猛然将牛尾巴砍断，扔过主祭者的房脊。这时，早就站立一旁手持钢刀的汉子蜂拥而上，呐喊着抢剐牛肉。几分钟工夫，一头牛便被剐尽，只剩下牛头和一副空骨架了。传说远古时代，人们的生产工具非常简单，猎捕一头野兽主要靠人的勇敢。佤族首领安木拐为了培养佤族勇敢精神而比赛，久而久之便成了"砍牛尾巴"习俗。如今，随着"猪头祭祀"习俗的革除，砍牛尾巴习俗也已停止。

西盟佤族过去在农作物种植或收获季节，有以部落为单位，结合血族复仇猎取仇寨人头的祭典，包括猎头、接头、祭头和送头等一系列仪式。在血祭中，虽认为人头是一种最高的献祭品，但对猎获的人头怀有敬畏感，故反过来又将人头作为祭祀的对象。祭头仪式分为集体和家庭两种。集体祭祀以部落为单位，在猎到人头后，先在建寨最早的老寨供祭，然后再分寨轮流祭祀，最后仍送回老寨。家庭祭祀仪式一般在太阳偏西时举行。各家祭祀完毕，再抬回木鼓房，由祭司将其置放于专供祭祀人头的竹架上。集体祭祀要杀猪宰牛献祭，家庭祭祀也要以猪、鸡作祭品。每年农历四五月播种前后，还要举行送头仪式。随着佤族社会的发展，猎头血祭也逐渐发生变化。据传，最初由武装猎取改为购买人头（被出卖的多为奴隶），以后又用死人之头或狗头来代替，部分地区改为杀牲祭祀。新中国成立后，猎头血祭已经绝迹。

白族的"本主"崇拜

　　本主崇拜是白族独有的一种宗教信仰。本主又叫本主神，白语称"武增"，又称"老谷"（男性始祖）、"老太"（女性始祖），各地还有"武增尼"、"增尼"、"东波"等。这些称呼有祖先和主人的含义，但并不是单纯的祖先崇拜。一般认为，本主崇拜源于原始社会社神的崇拜和农耕祭祀。它在南诏时期即已形成，并且是南诏、大理国时期白族的一种重要的宗教信仰。以后又历经数百年的发展，本主数量不断增加，文化内容越发丰富，才形成如今的本主崇拜格局。

　　"本主"，意为"本境福主"，是每个白族村社所供奉的至高无上的保护神。本主崇拜源于原始的多神崇拜、英雄崇拜、自然崇拜、祖先崇拜，但因其崇拜对象具有亦神亦人的特点而深深扎根于白族人心目之中，久盛不衰。在白族地区，各村本主的身份不一，既有南诏大理国的帝王将相、重大历史事件的重要人物，也有忠臣孝子、民族英雄或是在某些方面有功于人的平民百姓，以及源于图腾崇拜、自然崇拜的动物、山石等。一旦被尊为本主，便有着相当于帝王的谥号，如"护国景帝"、"爱民皇帝"、"洱河灵帝"、"柏洁圣妃阿梨帝母"等，足见其地位之高。

　　本主崇拜是一种多神崇拜，各地或各个村寨本主庙内都塑有自己的本主神，也有几个村寨甚至几十个村寨共同信奉一个本主。本主管的对象也不同，有管"阴间"和人间大小事务的，有管"阴间"兵的，有管人间疾病的，有管牲畜的，等等。本主崇拜的核心是本主，本主是白族信仰的偶像，本主崇拜的神祇有多少，无法说清，但从其发展来看，经历了三个发展时期：自然崇拜、龙神崇拜、人神偶像崇拜。白族的本主崇拜是从"鬼主"崇拜演变发展起来的，白族的古老先民认为万物有灵，冥冥中存在着一种看不见、摸不到，但能操纵人的命运、掌握人的吉凶祸福、穷富荣辱的大大小小、各种各样的神，因而在古代，白族人把日月星辰、山川河流、水木石土、风雨雷电……都当做有灵的东西崇拜，古代先民把它称为"天鬼"，白语叫做"害鼓"，这种称谓在白语中至今保存，而"神"这一种称谓在白语中是没有的，是从汉语中吸收进去的，所以在白族人的观念中，最初鬼、神一般不分，鬼应该是白族人观念中最早的神，而最初的本主崇拜，只是"天鬼"这个最大的神灵逐渐演变而成为具体的有姓有名有封号的固定在一个村或一个地区独自享受烟火的"神灵"。白族早期宗教形态是对动物和植物的自然崇拜，张锡禄在其《白族对鱼和海螺的原始崇拜初探》一文中，论证了鱼和螺是白族最早的自然崇拜物，今天洱海边河涘城村本主神"洱海灵帝"双手托盘捧着一个大海螺，另一神帽头饰一条鱼，当地白族赠匾，一为"玉螺现彩"，一为"金鱼现身"。白族的自然崇拜是与人们的早期生产活动密切相关的。人们对五谷丰收的希望，导致对"五谷娘娘"（鹤庆段家阱本主）的崇拜；意识到阳光对农作物的作用，便产生了对"太阳神"（大理阁洞滂村本主）的崇拜。当然，自然崇拜是一定的社会生产条件下的产物，在今天经济文化发达的白族地区，直接的自然崇拜只占一小部分，而且发展成为"本主神"的形态，与早期的纯自然崇拜已经相去甚远。

白族拜龙。龙在白族中常称为"龙王"，湖塘、水洼、泉眼常被认为是龙王所宿之处，而大大小小的数不清的水塘被称为"奴本"（白语，龙潭之意）。"龙王"实际上就是"水神"的代名词，对龙的崇尚与白族是一个农耕的民族有关。白族的龙崇拜，在本主崇拜中是比较普遍的。龙王崇拜有较多的自然崇拜的特征，龙本主崇拜却是更高一个层次的，它是龙崇拜的发展，具有人为宗教的特点。白族是一个古老的农耕民族，农耕文化产生了以村社和地缘为纽带的本主文化，而祈求风调雨顺、五谷丰登、六畜兴旺、生活幸福是本主崇拜的核心。"宗教学告诉我们：世界各民族一般在原始阶段开始进入神灵崇拜阶段，敬奉对象多为氏族、部族的祖先英灵和各族的特定的保护神。"本主的人神崇拜大约产生在南诏时期，是氏族、部落发展到国家阶段的产物。在洱海区域统一以前，自然神的直接崇拜和龙神崇拜是白族先民的基本信仰形式。随着洱海区域各部落集团的发展，8 世纪初，南诏在唐王朝的支持下征服了其他各诏，社会的发展必然推进比较落后的自然崇拜与龙神崇拜向更高一级的人神偶像崇拜发展。

南诏时期社会环境对人神偶像的形成起着重要的作用，王松本《南诏野史》载"蒙氏平地方，封岳渎，以神明天子为国步（本）主，封十七贤，五十七山神"，可见南诏时期就确定了自己的地方宗教形式。如果说南诏以前的宗教还处于自发宗教的阶段，那么南诏建立之后，以"封神"为标志，本主神开始进入人为宗教的阶段。从那时开始，多神并立的独特的本主神体系固定和延续至今，形成了白族的民族宗教。在本主信仰中，人神偶像占绝大多数。人神偶像主要有四个谱系：祖先崇拜的谱系，这种类型最有代表性的是鹤庆县西山的本主家庭，剑川县金华坝区的文华村本主和甸南朱柳村的本主，这些本主的周围有妻室儿女的塑像，有的本主的子孙又成为邻村的本主，明显地保留了以血缘为基础的原始祖先崇拜的本主体系；英雄崇拜的谱系，历史和传说中为民解忧、有功于民的人作为白族人的崇拜者，被列为"本主"；王侯将相谱系，王侯将相之类的本主神，最能体现白族社会发展的线索，唐代的南诏王细奴逻、皮逻阁、世隆，宋代大理国的段宗榜；异族、异教神崇拜的谱系，白族在长期的发展中与周边各族人民发生了广泛的交往，把其他民族的人奉为本主，如：

汉族的诸葛亮、李宓、傅友德、李定国，蒙古族的忽必烈，傣族的李传珠等。白族受汉族的影响较大，佛道教传入白族地区，白族人加以吸收和改造，奉佛道二教的神为本主，道教中的财神、文昌，佛教中的观世音、大黑天神均为白族本主神。由此可见，本主来源极复杂，它是白族社会不断发展的产物，白族的本主史就是白族的社会发展史。本主崇拜不是单纯的宗教信仰，而是融入了许多白族主体的思想、道德、情感、审美意识和理想追求。正是因为这样，白族本主崇拜有深厚的文化内涵并具有自己独有的特征。

白族本主崇拜虽然没有系统的教义教规，但已形成全民族统一的信仰和系列的祭祀活动。同时在白族人心目中，本主节也是一年中最盛大的节日之一。本主节的举办日期因各村本主的身份和生日不同而不同，一般以岁首或本主生日为节期，多选定于春节期间或每年二、六、七、八月农事间隙期间。本主节又称为本主会，是一年之中最为隆重的迎神社火，会期3～5天，包括迎神、祭神、颂神、娱神等活动内容。届时，村民们要用轿子、木轮车将本主一家从本主庙迎出，到所辖村庄巡视一周，前呼后拥，凤辇龙舆，唢呐高奏，锣鼓喧天，沿途各户备供品、香火祭祀，俨然如皇帝出巡。之后的连续两三天内，这里也成了村民纷纷前来烧香秉烛，唱念诵辞，祈神赐福的活动中心。同时村民们在此耍狮耍龙、演奏音乐、唱歌跳舞，有的还在本主"行宫"前搭建戏台，演出地方戏剧，娱神娱人，人神共乐。有的地方几个村子共奉一位本主，便将本主迎送到各村中轮流祭祀数日后才送回本主庙中供奉。

每个本主都有自己的传说故事。故事中的本主也像凡人一样有着家庭、婚恋以及各自的经历和嗜好。在白族人心目中，本主既有着神的超人智慧和力量，也有着人的亲情和喜怒哀乐。白族人对本主的崇拜和祭祀也并非祈求来生来世的福祉，而在于今生今世的幸福和吉祥。相信本主能够保佑人们逢凶化吉，实现美好的愿望。白族民俗中，白族人从一生下来就是本主的信士，生儿育女、小孩冠名、疾苦病痛、男婚女嫁等都要先到本主庙中祭祀，以祈求本主的保佑。保佑"春天多吉庆，夏日保康宁，秋来三灾免，冬至迎百福"，保佑"为士者程高万里，为农者粟积千钟，为工者巧著百般，为商者交通四海"。

　　位于宾川县鸡足山镇上沧村的云南省级重点文物保护单位上沧本主庙就是白族本主崇拜的代表之一。该文物保护单位始建于清乾隆年间，现存有大殿、子孙殿、南北厢房等建筑。庙内供奉的本主雕像雕制于明代，整尊雕像由一整块香樟木雕刻而成，高约1.5米，雕刻工艺精湛，充分体现了古代白族先民的聪明才智，是云南现存时代较早，保存最为完好的明代本主木雕像，对研究大理地区的古代雕刻艺术和本主信仰历史有着重要价值。

彝族毕摩、苏尼的巫术活动

毕摩是彝语音译，"毕"为"念经"之意，"摩"为"有知识的长者"。毕摩是一种专门替人礼赞、祈祷、祭祀的祭师。毕摩神通广大，学识渊博，主要职能有作毕、司祭、行医、占卜等活动；其文化职能是整理、规范、传授彝族文字，撰写和传抄包括宗教、哲学、伦理、历史、天文、医药、农药、工艺、礼俗、文字等典籍。毕摩在彝族人的生育、婚丧、疾病、节日、出猎、播种等生活中起主要作用。毕摩既掌管神权，又把握文化，既司通神鬼，又指导着人事。在彝族人民的心目中，毕摩是整个彝族社会中的知识分子，是彝族文化的维护者和传播者。苏尼也是彝语音译，"苏"意为人，"尼"指作法事时的特异情状。苏尼产生于较近的年代，据说始于500年前住在昭觉竹核一带的补约家拉此俄觉。随着原始宗教的发展和分化，彝族社会产生了两种宗教司职人员，祭司毕摩和灵巫苏尼。苏尼有男有女，不世袭，是已死去的苏尼变成阿萨（护法神）附于其亲属或某人身体上，使其昏迷病痛而复醒成为苏尼。他们一般不识经文，不懂经书，其法事主要是驱鬼，与隐身可说话的神交谈等。其主要法具是一面带柄的羊皮鼓和法铃。所以，毕摩与苏尼虽然都是从事信仰活动的专门人员，但有极大的区别：毕摩为人授，有严格的世袭制度，必须由男子充当，识经文。苏尼为神授，不世袭，有男有女，不识经文，注重练就一套身体方面的特技；毕摩多为执祭，苏尼多为驱鬼。毕摩在祭仪上并不采用"苏尼"一类巫师的怪异动作，一般正襟危坐，神色庄严，因而经籍语言巫术力量就更强大了。毕摩护法神主要是鹰和历代毕摩祖神，而苏尼的护法神主要是各苏尼自己的阿萨神。

毕摩和苏尼，构成彝族宗教信仰、祖先崇拜、万物有灵、神鬼相交的精神舞台上两个丰满灵动、相得益彰的重要角色。

据彝文文献《勒俄特依》记载，苍天降下灵神果籽落于下界，经过三年九世后，终于长成杉树巨人，可是一直似人非人，似树非树，不能成为人类始祖。直到阿居阿丛时代，山神得知必请毕摩祛除白、花、黑三秽后举行祭祀猪胛卜才能成为人祖，于是先后派遣豪猪、白兔、野鸡和蜘蛛作为使者去上界敬请额比斯乌毕摩，经过多次请求后，额比斯乌毕摩才同意下界作毕，额比斯乌毕摩在屋后竹林中砍回三根神竹竿，做成神签、法笠、法扇，送给额阿孜三祖孙带着一部叫《斯穆安甘》的经书来到了地界，为杉树巨人祛除了三遍三色秽后举行了祭祀猪胛卜，于是地界有了雪族十二支，其中一支便成了人类的始祖。

法器法具是毕摩从事仪式活动的手段和根据，是毕摩通达神灵、降妖除魔、禳灾祛祸、祈福纳福等所凭借的具有特殊神力的工具。在凉山地区，毕摩常用的法器法具主要有法扇、法笠、法铃、签筒和经书，随身携带的用具有法网，护法法器有鹰爪、猪牙项圈、虎牙等，临时制作的法具有响竹、水鼓等。毕摩法具一般都择在豹星十四"勒克"日制作。

纳西族东巴教

　　东巴教起源于原始巫教，同时具有原始巫教和宗教的特征。由于经文讲师被称作东巴，故名东巴教。东巴教为中国西南地区的纳西族所普遍信奉。东巴教属原始多神教，主要有祖先崇拜、鬼神崇拜、自然崇拜。宗教活动形式有祭天、丧葬仪式、驱鬼、禳灾、卜卦等。东巴经是东巴教的主要经书。

　　"东巴"与香格里拉东巴教第一始祖"丁巴什罗"有关。丁巴什罗是原始苯教祖师"顿巴辛饶"的音译转读。顿巴在藏语中的含义是"讲说者"或"开派导师"，即学术上创立派系的人。"辛饶"为专门从事丧葬祭祀的氏族名。香格里拉纳西东巴文将东巴写作"苯"，意为"祭"和"念经"，形似神坐形，头戴五佛冠，与苯教含义同。可见纳西族东巴教的发展，与香格里拉苯教的流入有一定关系。东巴作为宗教职业者，在社会上地位很高，被视为人与神、鬼之间的媒介，既能与神打交道，又能与鬼说话，能迎福驱鬼，消除民间灾难，能祈求神灵，给人间带来安乐。东巴一般父子传承，世代相袭，不脱产，有妻室儿女，无儿招赘者传与女婿。东巴教第二祖师阿明什罗系香格里拉县三坝乡白地水甲村人，祖先从俄亚（川南）迁徙而来，至今在香格里拉水甲仍有后代东巴传入。为此，香格里拉县三坝乡白地成为全体东巴教徒朝圣地，有"没到过白地，不算真东巴"之说。

东巴经是东巴教进行宗教活动的主要经书，用竹笔书写在自制的土纸上，所写象形文字称"东巴文"。香格里拉县三坝乡有东巴能书写1300多个东巴文字，基本包括全部东巴象形文字。方国瑜先生在《纳西象形文字谱》中所列16大类390多种小类，在香格里拉县三坝都有使用。香格里拉东巴教有特殊的法器和服饰，法事亦十分繁杂，全年几乎每月都有大小不同的法事活动，主要分祭祀、丧葬、禳灾、卜卦、赐名五大类，其中祭天最为隆重。古老的象形文字凝聚成卷帙浩繁的东巴经文，纳西族关于人类起源的解释、神话故事及婚丧嫁娶的风俗都记载其间。东巴经文既是宗教教义，又是纳西人关于自然与人的探索和思考。

在东巴教的祭祀仪式中，"祭天"、"祭风"、"祭署"、"祭丁巴什罗"等是比较具有代表性的仪式。

祭天、祭署、祭祖、祭风（超度殉情而死的痴男怨女）是东巴教最重要的宗教仪式。这些仪式由"东巴"司主持，在人家的院子和户外的平地、河边举行。祭天是对人类始祖、各路天神的崇敬；祭署则为了表达与自己和睦相处的愿望；祭祖则是为死去的先人指引通向"灵地"极乐仙境的路，避免鬼神的侵扰。"风"是纳西传说中专门引诱年轻的男女自尽的七个美丽的女鬼，"祭风"仪式在超度一对殉情而死的恋人的同时，也为了赶走那些美丽的女鬼，期望不再发生下一次悲剧，虽然往往事与愿违。

东巴教没有寺庙神殿，也没有专职的祭司，东巴平时不脱离生产和民俗生活，只是在应别人之请时主持宗教仪式。纳西族的宗教和文化的继承、发展，东巴们功不可没。传说纳西始祖丁巴什罗"手握金鹿送来的竹笔，沐浴着蓝鸟带来的灵感，面对粗糙的树皮，用刚萌芽的智慧，观奎星圆曲之势，察急文鸟迹之象，博采众美，合而为字"。这就是今天仍然被纳西人应用着的象形文字——东巴文。

东巴文化的载体是东巴教。东巴教有严密的祭仪系统、庞大的鬼神体系、与各种仪式配套使用的象形文字经书。东巴教集纳西族传统文化之大成，在历史上对纳西族的社会生活、意识形态、精神领域、文化习俗、民族性格等有着重大的影响。东巴教是在纳西族处于氏族和部落联盟时期的信仰基础上发展起来的，信奉万物有灵、自然崇拜、祖先崇拜、多神崇拜，重占卜。强调人与自然关系的和谐是东巴教的主要特征。东巴教充分反映了原始宗教从初级形态到高级形态的各种崇拜内容及其发展脉络，其中有自然崇拜、动物崇拜，有反映自然崇拜和祖先崇拜叠合的仪式，如祭天是祭纳西族始祖、父母、天神地神，把自然神的自然属性和祖先神的社会属性融合在一起。祖先崇拜在人类社会历史上的演进形式，即从祖先崇拜的原始形式图腾崇拜至氏族、部落群体共同祖先的崇拜乃至后起的个体家庭祖先崇拜，都在东巴教中得以充分体现。东巴教还从多方面反映了原始生殖崇拜观念。东巴经中有很多世界本体的二元及二元交合化育万物的观念，而创世的二元往往直指或隐喻雌雄两性，把宇宙和万物的衍化生成归结为两性交合的结果。

随着社会生产生活的丰富和发展，各种社会职能神及相关仪式在东巴教中大量产生，如猎神、谷神、畜神、生命神、村寨神、财富神、司药神、司卜神、战神、胜利神、土王、铁匠神、爱神等。基于人们畏惧各种自然灾害、社会争端以及生老病死等异己力量和人生灾难的思想意识，东巴教中象征恶的鬼怪也大量增多，据初步统计，东巴教中有名号的神灵鬼怪共有2400多个，是典型的多神教。社会生活的发展使人的社会角色、身份也多样化，于是东巴教中就产生了与社会分层相应的宗教仪式，诸如武士祭、将官祭、富者祭、东巴祭、铁匠祭、猎人祭、牧人祭、长老祭等。

东巴教渗透到了纳西族社会生活的各个方面，几乎所有的社会生产生活都受到东巴教的影响，与东巴教融为一体。如生丧嫁娶、祈年动土、砍树伐木、开沟理渠、耕种稼穑、放牧狩猎、战争疾病、天灾人祸等等，都与东巴教的观念体系息息相关，都要延请东巴举行各种相应的仪式。从总体上看，东巴教的仪式活动主要是祭祀、祈祷、禳灾，由东巴主持或参与人们祭天、祭祖、婚丧、命名、节庆、求寿、祈年、问子、占卜、治病、驱鬼等活动。纳西族历史上一些突出的社会问题也融进了东巴教的教义和仪式系统中，如纳西族的殉情风尚在东巴教中形成规模宏大的祭殉情者仪式——祭风，并由此产生了脍炙人口的叙事长诗《鲁般鲁饶》等东巴文学中的悲剧作品。由于特定的宗教思想对处于特定历史时期的社会环境的纳西人心理上的影响，东巴教后来亦成为促使殉情成为社会风尚的一个因素，从中充分反映了宗教与社会生活相互影响的一面。

东巴教中融入了藏、汉宗教的内容，尤与藏族苯教有许多相似之处，如信奉的神灵和护法大体相同。东巴经中的藏文借词较多，传说中的始祖丁巴什罗同时也是苯教的祖师。虽然东巴教是具有多元文化因素的综合性民族宗教，但它仍然保持了原始宗教的突出特点和基本风貌，没有至上神，也没有掌教祖师一类的人，丁巴什罗也只是神祇队伍中的一员，众神并没有统一在一面至上神的大旗之下。东巴教的神灵结构和并未形成系统的教义中的文化互渗现象反映了诸种宗教因素在东巴教中的混融，说明这种宗教开放、亲和、兼收并蓄外来文化的特点，这与纳西族历史上既保持传统文化，又善于吸收其他民族先进文化的民族传统是有密切关系的。

白莲教

　　白莲教，是中国历史上最复杂、最神秘的宗教，源于南宋佛教的一个支系，崇奉弥勒佛，元明清三代在民间流行，传说宋高宗绍兴三年（1133 年）由茅子元创立佛教分支白莲宗，因教徒禁葱蒜，不杀生不饮酒，故又名白莲菜，后逐渐演化为民间社群组织白莲教。

　　白莲教是北宋至近代流传的民间宗教，渊源于佛教的净土宗。相传净土宗始祖东晋释慧远（334—416）在庐山东林寺与刘遗民等结白莲社共同念佛，后世信徒以为楷模。北宋时净土念佛结社盛行，多称白莲社或莲社，主持者既有僧侣，也有在家信徒。白莲教教派名目繁多，教内等级森严，常被作为农民起义的组织工具，如元末红巾起义、清嘉庆白莲教大起义等。

　　白莲教的基本教义是天台宗四土信仰。白莲教继承了佛教弥陀净土宗、天台宗的主要思想，以四土理论作为其宗教教理的核心。四土即同居土、有余土、果报土和常寂光土四种果报土，也叫四种净土国。信徒以念佛得西方净土（弥陀信仰）为根本信仰。在元代以后，很多白莲教徒则把弥勒下生作为最基本的信仰。

　　早期的白莲教崇奉阿弥陀佛，教义比较简单，经卷通俗易懂，为下层人民所乐于接受，所以常被用于组织人民群众反抗压迫。在元明两代，白莲教曾多次组织农民起义。流传到清初，又发展成为反清秘密组织，虽遭到清政府的多次血腥镇压，但到了嘉庆元年（1796年），白莲教大起义却是嘉庆年间规模最大的一次起义。

嘉庆年间的白莲教起义，前后持续了 9 年 4 个月，最早参加者多为白莲教徒。参加的人数多达几十万，起义爆发于四川、湖北、陕西边境地区，斗争区域遍及湖北、四川、陕西、河南、甘肃 5 省，甚至还波及湖南省的龙山县。白莲教起义军在历时 9 年多的战斗中，占据或攻破府、州、县、厅、卫等 204 个，抗击清政府从全国 16 个省征调的兵力，歼灭了大量清军，使清军损失一、二品高级将领 20 多人，副将、参将以下的军官 400 多人。清政府为镇压起义，共耗费白银 2 亿两，相当于当时清政府 5 年的财政收入。从此，清王朝从所谓"隆盛之世"陷入了武力削弱、财政奇黜的困境，迅速跌入没落的深渊。

白莲教作为一种宗教概念，包括的内容很广。可以说它是 1000 多年来，发生在中国这块古老土地上的各种"异端"、"左道"、"邪教"的总括，是佛教、道教以外的重要的民间宗教，反映的是中国下层社会百姓的生活、思想、信仰和斗争，在中国农民战争史上充当着重要的角色。

白莲教的教主和首领们利用白莲教经文中反对黑暗，追求光明，光明最终必将战胜黑暗的教义，宣传"大劫在遇，天地皆暗，日月无光"，"黄天将死，苍天将生"，"世界必一大变"。他们还号召信徒以四海为家，把教友关系看成是同生父母的兄弟姊妹关系，号召教友之间互通财物，互相帮助，男女平等。这些口号直接反映了广大农民的利益和迫切要求，因此对贫苦农民有极大的吸引力。

白莲教是南宋时期诞生的民间秘密宗教。它发轫于东汉末年的太平道与天师道。白莲教先是撷取佛教传入中国后兴起的白莲社、弥勒教、净土宗、大乘教、三阶教、南禅宗等宗派简便易行的教义，又与回到民间的摩尼教合流，同时汲取儒家和道教的某些思想，经过千年融合与演化，到南宋时期基本定型为民间秘密宗教。其教义的核心是

"弥勒下生"和"明王出世"，借宗教旗帜唤起人民的反叛情绪和斗争精神，因而遭到佛教正统和南宋政府的攻击和查禁，只能在民间秘密流传。

白莲教在南宋末年流传到北方，元朝统一后，得到进一步发展，"南北混一，盛益加焉"。元朝初年，朝廷对白莲教的性质并不十分了解，曾采取扶助态度，致使白莲教空前发展，但不久即因"私藏军器"，准备起事，被官府察觉，又因"妖僧"、"妖术"、"妖言"不断发生，引起元朝政府的恐慌。英宗至治二年（1322 年），朝廷下诏"禁白莲佛事"，"诸以白衣善友为名，聚众结社者禁之"。白莲教重遭禁断，又转入地下活动。元末，阶级矛盾和民族矛盾日益尖锐，白莲教乘机在民间迅速传播，形成一支强大的宗教反叛势力，并在韩山童、彭莹玉等南北白莲教领袖的组织和策动下，终于爆发了推翻元朝统治的红巾军大起义。

元朝末年，该教在传播过程中，逐渐分为南北两大系统。南方系统以江西为中心，而北方系统则以河北为根据地。红巾军大起义失败后，南北白莲教并没有随之沉寂，反而无视朱元璋的禁令，继续在民间传播，并不时策动农民暴动和农民起义。在明代前期的洪武、永乐、宣德、正统诸朝，南北白莲教先后在湖北、江西、四川、陕西、广西、浙江、贵州、河北、山东、山西等地，组织和策动了数十起大大小小的农民暴动和农民起义，其中永乐十八年（1420 年）山东蒲台唐赛儿起义波及全省，影响极大。

该教通过明代前期的反抗斗争，促进了南北两大系统的相互渗透与融合。到了明代中叶，由于流民问题的出现和荆襄流民大起义的爆发，加速了白莲教南北融合的进程。从明中叶开始，已很少看见南北两大系统各自活动的痕迹，代之而起的是层出不穷的白莲教支派。正德年间（506—521），白莲教第一大支派——无为教在北方诞生。从此，以无为教为蓝本的白莲教宗支派系"各立新奇名色"，如雨后春笋般地涌现出来，出现了"遍地皆传教之所，尽人皆受教之人"的形势。据清初白莲教著名经卷《古佛天真考证龙华宝经》所列，计有红阳、净空、无为、西大乘、黄天、龙天、南无、南阳、悟明、金山、顿悟、金禅、还源、东大乘、圆顿、收源16种。它们"皆讳白莲之名，实演白莲之教。有一教名，便有一教主"。这些教派在下层社会拥有广泛的民众，"白莲结社，遍及四方。教主传头，所在成聚。倘有招呼之首，此其归附之人"。这些教派又常常混迹佛道间，"谬称佛祖，罗致门徒"，甚至深入皇宫内廷，在太后、嫔妃、公主、太监及其他权贵中吸收信徒。如黄天道、西大乘教、东大乘教、红阳教等，都曾受到宫廷权贵的垂青。可是，它们一旦被封建统治者识破庐山真面目而严加禁止时，便又回到民间，组织一个个地下秘密宗教王国，在天灾人祸接踵而至、社会动乱之际，乘机而起，策动农民暴动和农民起义，其中最著名的莫过于东大乘教传头徐鸿儒于天启二年（1622年）在山东领导的大起义。

入清以后，本来是诅咒"牛八（朱明王朝）将尽"，预言"木子（李自成）当来"的白莲教，又站在民族利益的立场上，倡言"日月（合而为"明"，指明王朝）复来"，打出了"反清复明"的旗帜。据清代文献记载，在顺治、康熙、雍正三朝及乾隆初期的一个世纪内，由白莲教组织和策动的各种形式的反清复明斗争从未间断。这不仅表现在从明代中末叶延续下来的一些白莲教支派如无为教、大乘教等所具有的明显的抗清倾向，而且还表现在清初出现的一些白莲教支派如八卦教、在理教等创教宗旨和实际活动均为反清复明。自乾隆中叶起，白莲教一改过去反清复明的传统，打出了"反清复大顺（李自成大顺政权）"的旗帜。乾隆三十九年（1774年），清水教首王伦自称"真紫微星"，率领教徒在山东起义。紫微星出现，即为"十八子（即李姓，指李自成）当出御世"。乾隆末年，西天大乘教、收元教、三阳教等白莲教支派，在湖北、河南、四川、陕西、甘肃、安徽等省，广泛散布"弥勒佛转世"的宗教预言，并认为"转世"的"弥勒佛"就是李姓。这种宣传，极大地鼓舞了广大教徒的斗志，最终于嘉庆元年（1796 年）在刘之协、王聪儿、姚之富领导下，掀起了一场历时 9 年，纵横鄂、川、豫、陕、甘等地区的白莲教大起义。接着，河南天理教首李文成自称李自成转世，于嘉庆十八年（1813年）与林清分别在河南和直隶率众起义。这次起义乘嘉庆帝外巡木兰时攻打皇宫，试图夺取中央政权，声势震撼清廷。

清军入关不久，便颁布了禁止白莲教等各种民间秘密宗教的禁令。但是，清廷的严刑峻法禁止不了白莲教的发展。在与清王朝的反复较量中，白莲教不仅没有被铲除殆尽，反而出现了支派林立的局面。特别是鸦片战争以后，在阶级压迫与民族灾难日益深重的形势下，白莲教更呈现出根深叶茂、花开遍地之势。

白莲教自南宋诞生时起，就具有双重性格，即叛逆与安善兼而有之交替表现的性格，因而也就发挥了两种社会功能。在平静的岁月里，白莲教作为佛、道正统宗教的补充，在下层社会发挥佛、道二教所起不到的作用。每当天灾人祸接踵而至或社会动乱之际，白莲教就会与佛、道相悖，往往成为农民暴动或农民起义的战斗旗帜，这也是白莲教不同于正统宗教的地方。清末民初，在近代进步潮流的荡涤下，白莲教迅速分化，其中多数支派如先天道、一贯道、九宫道等背叛了白莲教反对封建统治、反对帝国主义的斗争传统，投入了中外反动派的怀抱。只有以红枪会为代表的少数支派积极投入反抗封建统治的斗争，特别是在抗战时期，奋起抗击日寇的野蛮侵略，其中一部分被改编为抗日力量。

罗梦鸿与罗教

罗梦鸿（1442—1527），又称罗清、罗静、罗英、罗梦浩、罗因，号无为居士，人称罗祖，山东即墨人，直隶密云卫（今北京密云县）戍兵。罗梦鸿14岁从军，27岁时便"把名下军丁退了"，让"子孙顶当"，自己则一心修行办道，苦修13年，于成化十八年（1482年）明心悟道，创立罗教，初称"无为教"，依附宗门临济宗，从者颇众。在崂山一带，民众皆信无为教，不知有佛教三宝。太监张永等徒众记其言为《苦功悟道卷》等五部宝卷，正德四年（1509年）刊行，史称"五部六册"。罗祖因传道下狱，后获释出狱，仍回密云一带传教。嘉靖六年（1527年）一月二十九日"坐化归天"，享年85岁，葬于北檀州（密云）附近。葬礼十分隆重，密云卫总兵杨都司等为其捐棺板并建造了一座13层高的石塔——"无为塔"；此外还立石碑一通，上书"无为境"三字，直到乾隆十一年（1746年）石塔、石碑才被官方拆毁。罗梦鸿死后，无为教的教权由他的妻子儿女继承了下来。

罗教结合了佛教禅宗和道教中的许多教义和传统。罗教最重要的经书是五部经卷：《苦功悟道卷》、《叹世无为卷》、《破邪显证钥匙卷》、《正信除疑无修证自在宝卷》和《巍巍不动泰山深根结果宝卷》。这五部经书是罗梦鸿口述，由他的徒弟记录下来的。这五部经书的记录用了多年，反映出罗梦鸿的教义从一开始比较偏向佛教后不断地结合越来越多的道教的因素的过程。罗教从佛教采纳了"心造一切"的概念，认为人的苦难是由于心里的欲望造成的，因此罗教追求无为（因此也叫无为教），放弃任何欲望，以达到最高的内心状态。事实上，罗教在一开始的时候称自己为禅宗的一支。罗教从道教吸收了道玄的概念来解释世界的形成。罗教认为世界是从真空家乡中形成的。这个真空家乡演化为世界万物。由此外部世界不是禅宗的教义中那样从内心产生的，而是外部事实的。从民间神话和传说中罗教制造了一个至高无上的神：无极圣祖，又名无生父母。这个神是所有生物的主宰，尤其在人死后有判决人的再生、超度或入地狱的权力。后来由从无极圣祖衍生出无生老母。

明神宗万历四十三年（1615 年）六月，礼部请旨查禁左道一疏，已开列罗祖教的名称，将罗祖教与涅槃、红封、老子、南无、净空、悟明、大成、无为等教并列，认为罗祖教也是"讳白莲之名，实演白莲之教"。雍正年间，罗教信徒张维英亦称"我们是乡间人，此教是罗明忠的祖上在正德年间传下来的，封为无为教，诵的是一部苦心悟道经，吃斋点烛"。因其教是由罗姓祖上所传，所以称为罗祖教，又称为无为教。在罗教信徒所收藏的《三世因由》一书亦记载："初世罗成，就生长山东，在古北口修道；二世殷继南，生长浙江缙云县；三世姚文宇，生长庆元县。"张维英所述罗祖姓名与《三世因由》所载相同。

罗教二世殷继南是浙江处州府缙云县虎头山人，生于明世宗嘉靖十九年（1540 年）二月二十八日，15 岁时信奉罗教，传习无为经卷，法号普能，自称是罗祖转世。神宗万历四年（1576 年），他率弟子登天台山，宣扬教义，集众三千余人，地方官以其妖言惑众，捕送处州府监禁，万历十年（1582 年）八月初四日，伏诛，享年 42 岁。姚文宇，生于殷继南死前四年，即神宗万历六年（1578 年）三月十九日，传说生后数年不言，至殷继南死后才开口说话，自称罗祖转世，清世祖顺治三年（1646年）五月十九日，伏诛，享年68岁。但殷继南与姚文字并非罗梦鸿正统的续灯弟子，罗教正统的续灯弟子，第一代是李必安，第二代是秦洞山，第三代是宋孤舟，第四代是孙真空，第五代是于昆岗，第六代是徐玄空，第七代是明空。

雍正年间，直省督抚遵奉密谕查禁罗教，不遗余力，但乾隆年间罗教信徒众多，其势力仍极大，其有漕各省漕船水手崇奉罗教者尤众。教众广习五部六册。其中《苦功悟道经》为明正德四年（1509年）原刻本，嘉靖二十八年（1549年）、万历十四年（1586年）、万历二十三年（1595年）、万历二十四年（1596年）等年有重刻本。《苦功悟道经》内云："参道工夫，单念四字阿弥陀佛，念得慢了，又怕彼国天上，无生老母，不得听闻。"此外反复言及"真空家乡"，俱被指为妖妄不可信。后世所存《叹世无为经》有万历二十三年（1595年）刻本，万历四十三年（1615年）罗文举校正本及万历年间源静重集本等数种。《叹世无为经》内云："护法人，功德大，千佛欢喜，胜似你，舍金银，积满乾坤。"又云"护法罪，无边际，实难解救，谤法罪，无边际，永下无间。"原卷末尾有骷髅儿叹你云云，反复重叠，敷衍成篇，以罪为功，以功为罪，亦被指为谬妄可笑。《破邪显证钥匙卷》上下二册二十四品，有万历二十三年（1595年）、万历二十五年（1597年）、万历四十年（1612年）、康熙十四年（1675年）、康熙三十七年（1698年）等刻本及万历四十三年（1615年）罗文举校正本。《破邪显证钥匙卷》内云："执文字，自家病，不知不觉，大众闻，听字脚，成了病根。"被指为狂悖至极。经内又云："三宝者，自性开觉，名为佛宝，自性真正，名为法宝，目性清净，名为僧宝。"被指为不辨是非，不明祸福，心多诡诈，行多好私，三宝俱无，俱不可信。

《正信除疑无修证自在宝卷》，有正德四年（1509年）"草木劫、芥子劫、斛麻劫、辗转劫，造孽之人，堕在地狱，恶趣受苦，经此劫数，无量百千，不求解脱，永不翻身"被指为造罪邪经，控为草木劫等名，荒谬尤甚。《巍巍不动泰山深根结果宝卷》，有正德四年（1509 年）原刻本，万历二十五年（1597 年）重刻本，万历四十年（1612 年）重刻本，万历四十三年（1615 年）罗文举校正本，崇祯二年（1629 年）王海潮会解本，康熙十四年（1675 年）重刻本，康熙三十七年（1698 年）重刻本。其经内云："这里死，那里生，那里死，这里生，叫做流浪家乡，生死受苦不尽，既得高登本分家乡，永无生死。"其中"本分家乡，永无生死"，无人得见，被指为不可信。罗教经卷，主要是杂引释道之言，凑集成书，但因刻本甚多，文字俚俗，流传甚广，成为下层社会的宗教读物。

罗教以后在大运河水手中广为流传。水手、纤夫们终年生活在生死不定，命运未卜的生活之中，亟须得到一种精神上的慰藉。而罗教所宣扬的人生在世充满苦难，只要加入罗教，便可在劫难降临之时，受到"无生老母"的拯救，免遭劫难，并且可以回归"真空家乡"，得到"永生"，不再受四生六道轮回之苦。这种宣传，对于苦难中的水手、纤夫们，自然有着极大的吸引力。更主要的则是入教之后，生活上可以有一定的保障。史载：早在明季，便有密云人钱姓、翁姓和松江人潘姓，在杭州北新关外拱震桥一带"共兴罗教"，修建罗教庵堂。这里是京杭大运河的南端和粮船的起航之处，水手、纤夫云集。罗教庵堂多由老弱残疾水手管理，往往成为回空水手或老病残疾水手、纤夫们驻足之处。

虽然罗教被佛教正宗所不容，被指为假托佛教禅宗，而所倡是邪，"彼口谈清虚而心图利养，名无为而实有为耳。人见其杂引佛经，便谓亦是正道，不知假正助邪，诳吓聋瞽"，但罗教的出现"是宗教徒在神的世界中的创新和突破"，在中国民间宗教史上具有划时代的意义，中国民间宗教从此由白莲教"一枝独秀"的时代进入了教派林立、"百花齐放"的时代，据统计仅见明清档案记载的民间教派就有 107 个之多。罗教对后世许多民间教派和一些帮会（如青帮）的形成和发展有着深远的历史影响。"罗教的思想深刻动人，且浅显易懂，不仅对其他各派民间宗教影响深远巨大，而且冲击着正统佛教的世袭领地，在明清时代中国的宗教世界掀起了一场无声的风暴"。万历年间，教势日炽，佛教徒也颇有诵习"五部六册"者，历代禁而弗绝，衍生变换出老官斋教（斋教）、一字教、大乘教、三乘教、龙华教、糍粑教、金幢教、观音教、真空教、青帮、一贯道等流派。

三一教

三一教亦名夏教，以"道释归儒，儒归孔子"为教旨，是由明代哲学家林兆恩于明世宗嘉靖三十年（1551 年）创立的。三一教的教义主张儒、道、释归于一，即"三教合一"，这也是教名的由来。

三一教是地方性的民间宗教，最初流行于莆仙方言区，即莆田、仙游两县境内以及惠安县北部、福清县南部地方，全盛时曾流行于福建、江西、浙江、湖北、安徽、北京、河南、陕西、山东及江苏、南京等地。近代随着海外移民的足迹，流行于东南亚及中国的台湾省，并辗转传入欧美。三一教现拥有海内外信徒近 30 万人。

林兆恩出生于一个十分显赫的书香官宦望族。从林兆恩上推六代，这一家族在明代文风鼎盛，一共出了 11 名进士，平均 11 年就考中一个。尤其是其祖父林富，为弘治十五年（1502 年）进士，官至兵部右侍郎兼都察院右佥都御史，总制两广，为朝廷重臣，政声颇著。出生于书香官宦门第的林兆恩，以功名为业当然是其最大的愿望。他 6 岁入塾学，显得愚钝，林富以为他"才不称貌"，深感失望。16 岁时，文窍始通，下笔如流，撰《博士家言》，文词华丽通畅，林富"大奇其才"。18 岁时，督学潘潢校莆，阅其试卷，评为"见理之文"，拔置高等补邑弟子员。此时，他对功名充满憧憬。此后，他开始参加省试，却连续三次名落孙山。特别是嘉靖二十五年

（1546 年），他满以为已学富五车，中个举人是轻而易举的。他对这次省试也十分认真慎重，曾委托族人到仙游九鲤湖九仙祠为他祈梦。结果测得了个"三骰子赛色，掷个幺四四，一幺旋转久而始住"的梦。亲朋好友均以为这是个预兆他会考个八闽第一的好梦，他自己也满怀着希望赴省城应试，结果却大大出乎意料，再一次名落孙山。科场失意，使林兆恩产生怀才不遇的失落感。在林兆恩的思想陷入极端苦闷的关键时候，富有传奇色彩的人物卓晚春闯进了他的生活圈子。他对林兆恩弃名学道的思想转变起着重要的催化作用。据《福建通志》载："卓晚春，莆田人，生嘉靖间，自号无仙子，亦曰上阳子，人称为小仙。"莆田民间传说，卓晚春具有超验的特异功能，言休咎事皆奇中，被视为"活神仙"。林兆恩与卓晚春的交游始于嘉靖二十七年（1548 年），那年道士卓晚春登门拜访，与林兆恩一见如故，结为方外游。数年间，二人形影不离，晨夕谈讨，纵饮行歌，言行与世人迥异，人称"卓狂林颠"。卓晚春平时所言，多深奥难懂，只有林兆恩才能理解其中的含意。以后，林兆恩将卓晚春同他交谈的话整理成书，名为《寐言录》。可见，卓晚春这位"小仙"对林兆恩弃名学道的思想影响是十分深刻的。

　　嘉靖三十年（1551 年），林兆恩自称"路遇明师，授以真诀"，倡立三一教。他宣称："明师"告以三教合一之大旨。但是，"明师"是谁？林兆恩却始终守口如瓶，以至当时许多人就纷纷猜测。时至今日，许多学者也企图揭开这个秘密，但均无结果。这件事成为三一教史上的一个谜。不过，林兆恩不说出"明师"的真实姓名也是有道理的，或许根本就不存在什么"明师"。为了使他所创立的理论更加神秘化，以便感召更多的信徒，他假借由所谓的"明师"指点，这也许是林兆恩的明智之所在，也是历史上许多民间宗教创立者惯用的手法。林兆恩创立三一教后不久，其友黄州率先入教，随后黄大本、萧应麟、郑泳、林兆居、林兆诰、林兆琼等相继受业，成为林兆恩的第一批追随者，三一教在莆田创立起来。

　　林兆恩创立三一教后，铁心终身从事于倡导三教合一的理论。他在嘉靖二十五年（1546年）虽然放弃考举人，但名分上仍然属于县学的生员，其言论仍受到官方的种种限制。为了摆脱官方的限制，嘉靖三十一年（1552年）他向官府提出取消其生员学籍的请求，督学朱衡不予批准，他就在督学住宿的门前焚烧青衿以表示他彻底放弃考举人的决心，但这种举动在封建社会里是对传统权威的一种挑战。朱衡因之大怒，欲下令拘捕。由于郡守董士衡进言周旋而免祸。次年，他身着小民服往省城参见督学，力请削去学籍。朱衡仍不允，非要林兆恩"衣巾讲学，为诸生式"，否则，将按"焚衣巾违圣制"加以治罪。林兆恩无奈而屈从之，同意朱衡"以山林之隐隐于学校"的意见结束了这场震动社会的"请削学籍"风波。至嘉靖四十五年（1560年）之前，林兆恩以教书先生的身份吸收门徒，灌输其三教合一的理论。

　　林兆恩在传播三一教的过程中，被其追随者不断神化，逐渐由原来的讲学者、教书先生、慈善家、隐士演变为万众奉祀的教主。从明隆庆六年（1572年）起，就有信徒把林兆恩奉为神明；明万历十五年（1587年），浙江方士扶鸾画三教合一图，诡称："近诸神朝天见玉皇天尊，所事者乃三教合一像，即今之三教先生也，可传祀之。"从此林兆恩被称为三一教主。三一教也开始由学术团体向宗教方面转化。林兆恩病逝后，三一教立即分裂为两大派别，分别从各自立场继承和发展了林兆恩在学术与宗教两方面的理论遗产。

　　一派从学术立场上继承了林兆恩的理论遗产。他们把林兆恩看做有成就的理学家，对三一教徒的宗教迷信活动公开予以抨击。由于这一派恪守三一教的学术传统，因此只是在知识界有些影响，清军入关以后，便湮没无闻了。另一派则从宗教立场继承林兆恩的理论遗产，奉林兆恩为三一教主，尊三一教为"夏教"，进一步发展了三一教的宗教哲学和宗教伦理，完善了三一教的教规、教仪、教阶制度。到明末清初，这一派已经成为一个跨越福建、江苏、浙江3省，并远及北直隶的大教派。然而，在清朝严禁各种"邪教"的专制政策下，三一教于清康熙五十五年（1716 年）和清乾隆五十三年（1788 年）两次遭到清政府的查禁。经过两次打击，三一教从兴盛急剧走向衰微。福建以外的三一教均已泯灭，只有莆田、仙游一带的三一教得以潜伏下来，在民间秘密流传。

19 世纪中叶，清政府内外交困，无暇顾及各种"邪教"活动，于是在民间秘密流传了 100 多年的三一教，在三一教传人的努力下，于清末民初又在莆田、仙游一带公开流行起来，并随着海外移民而传入中国台湾省和东南亚新加坡、马来西亚等国家，在当地华人世界传播，至今不衰。

八卦教

　　八卦教是中国民间宗教之一。八卦教又称五荤道或收元教、清水教，是康熙年间山东单县人刘佐臣自创的教派。山东单县人刘佐臣早年曾加入白莲教、黄天道等教派，康熙初年自创教派，本名为收元教，教徒依八卦分为八股，故名八卦教。八卦教清初多传布于河北、河南、山西等地，强调儒释道三教合一、修炼内丹。八卦教专以敛财为主，富甲一方，乾隆三十七年（1772年），遭到清廷取缔。乾隆十六年（1751年），山东人王伦入教，后开始传播清水教，自比皇帝，朝廷派大学士舒赫德前往镇压。嘉庆年间，有刘功的离卦教，又有林清分裂出另一支天理教。

　　八卦教的主要经书有：《五女传道书》（亦称《五圣传道书》）、《禀圣如来》、《锦囊神仙论》、《八卦图》和《六甲天元》等。其中最重要的经典《五女传道书》，是一部讲修炼内丹，追求长生不死的传教书。炼内丹（气功）修长生的教理，深受下层民众广泛信仰，使八卦教在山东、山西、河北、河南等地蔓延滋长。

　　刘佐臣按《八卦图》"内安九宫，外立八卦"的组织形式收徒设教。所谓八卦九宫，即认为世界被乾、坤、震、巽、坎、离、艮、兑八卦分成西北、西南、正东、东南、正北、正南、东北、正西八个方位，这八个方位又都围绕着中央方位。八卦即八宫，加上中央宫为九宫。自刘佐臣创教之日起，刘姓教首历来都位居中央宫，其他各教则由刘姓教主委派卦长掌教，如郜姓掌离卦教、王姓掌震卦教。各卦教的力量大小不一，分布也并不严格遵守八卦所定方位。

刘佐臣去世前，八卦教已形成了"山东、河南多有徒弟"的局面。刘佐臣去世后，其长子如汉承继教权，成为八卦教第二代教主。刘如汉开创了八卦教通过世袭血缘关系承继教权的世袭制，并使八卦教的传播范围从山东、河南扩大到山西、直隶、陕西、甘肃等地。经过几代人的努力，八卦教发展成为一个教势庞大的民间宗教团体。在教内健全了"内安九宫，外立八卦"的组织体系，并建立了一套完整的教阶制度。

刘氏子孙利用宗教手段大量敛取钱财。他们敛钱的名目繁多，如根基钱、扎根钱、跟账钱、种福钱、四季钱、香火钱、进身孝敬钱等，并且规定信徒"以出钱多寡定来生福泽厚薄"。被愚弄的穷苦徒众只是用银钱换来一张廉价的"通往彼岸世界"的"门票"，而刘氏家族却得到了实实在在的巨大现实利益。到清乾隆中叶，清政府查抄刘家时，不仅从刘家起获 1.2 万多两白银，而且发现"有田庄数处，地数十顷"，"家道殷实"。刘氏教主还用这些钱财捐纳为官，打通了另一条通往权力与金钱之路，从而提高和巩固了刘氏家族在八卦教中的地位。八卦教各卦掌卦也纷纷效法，以同样的手段攫取现实利益，形成了一批"神圣家族"，从而构成了它的上层统治集团。

八卦教在创教时并没有明显的政治色彩，目的只在于传教敛财。至第二代传人刘如汉时，教主的"圣库"收入已成千累万，竟至富甲一方。而清朝统治者一直认为民间宗教是产生社会动乱的重要根源，故对其发展一贯采用严厉镇压手段，致使八卦教不能公开发展，一向处于地下秘密传布状态。某些农民起义，往往利用八卦教作为组织纽带。乾隆三十九年（1774 年）山东清水教起义，嘉庆十八年（1813 年）天理教起义，都是八卦教异名教派组织的造反行动。近代义和团运动，也与八卦教有着密切关系。